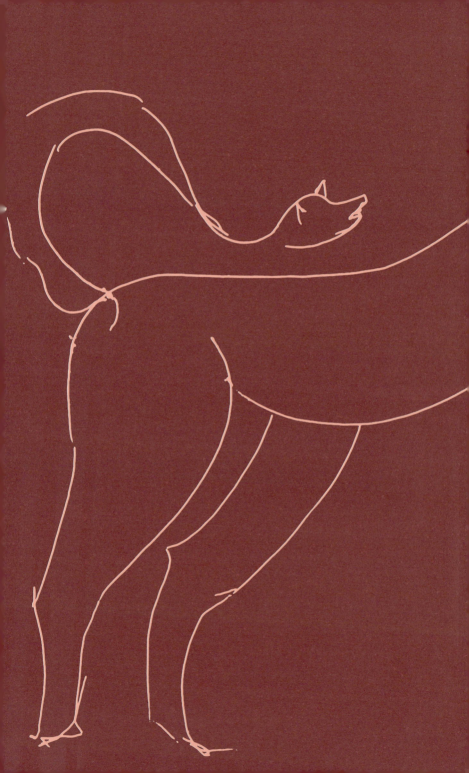

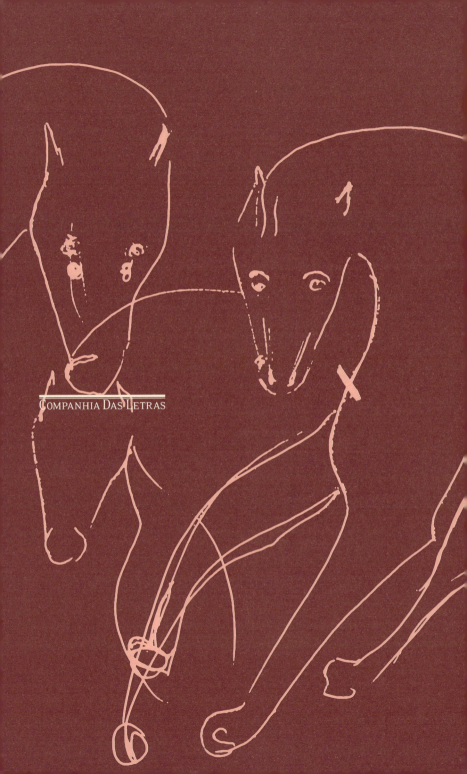

Copyright dos textos e das ilustrações © 2017 by Daniel Bilenky Mora Fuentes

A editora agradece a colaboração de Vilma Arêas, Berta Waldman, Agência Riff, Lygia Fagundes Telles, ims e *Jornal do Brasil* (cpdoc jb).

Grafia atualizada segundo o Acordo Ortográfico da Língua Portuguesa de 1990, que entrou em vigor no Brasil em 2009.

Capa e projeto gráfico
Elisa von Randow

Foto de capa
Fernando Lemos

Foto da página 553
Fotógrafo não identificado, *c.* 1960/ Acervo Lygia Fagundes Telles/ Instituto Moreira Salles

Ilustrações
Hilda Hilst, Centro de Documentação Cultural Alexandre Eulálio, cedae (iel, Unicamp)

Pesquisa de inéditos
Julia de Souza

Estabelecimento de texto
Leusa Araujo

Preparação
Heloisa Jahn

Revisão
Huendel Viana
Angela das Neves

Dados Internacionais de Catalogação na Publicação (cip)
(Câmara Brasileira do Livro, sp, Brasil)

Hilst, Hilda, 1930-2004
    Da poesia / Hilda Hilst. — 1ª ed. — São Paulo :
Companhia das Letras, 2017.

isbn: 978-85-359-2885-3

    1. Poesia 2. Poesia brasileira I. Título.

17-01691   CDD-869.1

Índice para catálogo sistemático:
1. Poesia: Literatura brasileira 869.1

10ª reimpressão

Todos os direitos desta edição reservados à
editora schwarcz s.a.
Rua Bandeira Paulista, 702, cj. 32
04532-002 — São Paulo — sp
Telefone: (11) 3707-3500
www.companhiadasletras.com.br
www.blogdacompanhia.com.br
facebook.com/companhiadasletras
instagram.com/companhiadasletras
twitter.com/cialetras

Sumário

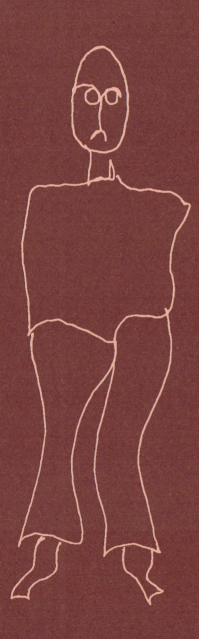

10 Apresentação

15 Presságio (1950)
39 Balada de Alzira (1951)
59 Balada do festival (1955)
79 Roteiro do silêncio (1959)
113 Trovas de muito amor para um amado senhor (1960)
133 Ode fragmentária (1961)
161 Sete cantos do poeta para o anjo (1962)
169 Trajetória poética do ser (I) (1963-1966)
197 Odes maiores ao pai (1963-1966)
205 Iniciação do poeta (1963-1966)
215 Pequenos funerais cantantes ao poeta
Carlos Maria de Araújo (1967)
221 Exercícios para uma ideia (1967)
227 Júbilo, memória, noviciado da paixão (1974)
301 Da morte. Odes mínimas (1980)
351 Cantares de perda e predileção (1983)
405 Poemas malditos, gozosos e devotos (1984)
427 Sobre a tua grande face (1986)
437 Amavisse (1989)
453 Via espessa (1989)
461 Via vazia (1989)
467 Alcoólicas (1990)
477 Do desejo (1992)
485 Da noite (1992)
491 Bufólicas (1992)
507 Cantares do sem nome e de partidas (1995)
517 Poemas inéditos, versões e esparsos

532 Posfácio — Victor Heringer
551 Lygia Fagundes Telles sobre Hilda Hilst
557 De Caio Fernando Abreu para Hilda Hilst
563 Hilda Hilst, o excesso em dois registros — Vilma Arêas
e Berta Waldman
570 Sobre a autora
572 Índice de títulos e primeiros versos

Apresentação

PRESSÁGIO — POEMAS PRIMEIROS foi lançado quando Hilda Hilst tinha vinte anos. A obra, publicada em São Paulo em 1950 pela Revista dos Tribunais, com ilustrações de Darcy Penteado, deu início a uma extensa produção que, a partir da década de 1960, passaria a abarcar também peças de teatro e, em 1970, títulos de ficção. Mas foi na poesia que Hilda começou sua carreira. Entre *Presságio* e *Cantares do sem nome e de partidas*, de 1995, sua lavra poética se estenderia por volumes frequentemente ilustrados, publicados por pequenas editoras ao longo de quase cinco décadas.

O segundo livro de Hilda, *Balada de Alzira*, veio a lume em 1951, num intervalo de apenas um ano em relação ao primeiro. Dessa vez o título, publicado pela também paulistana Edições Alarico, incluía ilustrações de Clóvis Graciano. O terceiro volume, que saiu em 1955 pela editora carioca Jornal de Letras, fecharia uma espécie de trilogia de formação. *Balada do festival* concluiu a primeira fase da poesia de Hilda, que, experimentando gêneros variados, encontrou na balada uma de suas formas de predileção: com os cantos de amor e de amizade ela retratou a "paisagem sem cor dentro de mim", anunciada nas lamentações de partida e nas assombrações com a solidão e a morte.

Os três livros seguintes — *Roteiro do silêncio*, de 1959, *Trovas de muito amor para um amado senhor*, de 1960, e *Ode fragmentária*, de 1961 — foram publicados pela mesma editora de São Paulo, a Anhambi. Nesses volumes, Hilda proclama: "Não cantarei em vão". Os poemas retomam o apreço pelas formas clássicas, com canto medieval e intensa dedicação ao amado. *Sete cantos do poeta para o anjo*, de 1962, ilustrado por Wesley Duke Lee, apontou o início de uma profícua parceria entre Hilda e Massao Ohno — amigo, editor e um dos principais entusiastas de sua poesia.

Em 1967, a obra de Hilda foi recolhida pela Livraria Sal, de São Paulo, em um único tomo intitulado *Poesia (1959/1967)*. É possível perceber algumas modificações se as primeiras edições forem comparadas com esta coletânea, sobretudo na estrutura: os três primeiros títulos ficaram de fora da compilação, que tem início em *Roteiro do silêncio*. A reunião abrange, além dos títulos mencionados, *Trajetória poética do ser (I)*, *Odes maiores ao pai*, *Iniciação do poeta*, *Pequenos funerais cantantes ao poeta Carlos Maria de Araújo* e *Exercícios para uma ideia*, livros que não haviam sido publicados de modo avulso.

Júbilo, memória, noviciado da paixão, lançado em 1974 por Massao Ohno, ilustrado por Anésia Pacheco Chaves, introduz uma nova fase de Hilda. Há, nesse livro, a mesma estima pela tradição lírica e a veia apaixonada que consolidou sua obra, mas com uma diferença singular: é o primeiro livro de poesia posterior à sua estreia na prosa. Pouco antes de *Júbilo*, ela mergulhou intensamente no teatro, escrevendo oito peças no fim dos anos 1960, e se dedicou também a dois livros de ficção, *Fluxo-Floema* (1970) e *Qadós* (1973).

Publicado em 1980 por Massao Ohno e Roswitha Kempf Editores, *Da morte. Odes mínimas* também traz uma novidade: os poemas são ilustrados com seis aquarelas da própria Hilda. O conjunto inaugura sua segunda compilação, que deu conta de vinte anos de produção em *Poesia*

(*1959/1979*), lançada no mesmo ano de 1980 pelas Edições Quíron e pelo Instituto Nacional do Livro.

Cantares de perda e predileção, publicado em 1983 por Massao Ohno em parceira com M. Lydia Pires e Albuquerque, reúne setenta poemas que tematizam a morte, o sacrifício e a espiritualidade. No ano seguinte, em 1984, o editor Massao Ohno, em colaboração com Ismael Guarnelli Editores, lançou *Poemas malditos, gozosos e devotos*. Se nas odes ilustradas do livro de 1980 Hilda interpela diretamente a morte, em *Poemas malditos* seu interlocutor imediato é a busca por uma ideia de Deus.

A incapacidade de dar nome a Ele é o fio que conduz *Sobre a tua grande face*, publicado em 1986 por Massao Ohno, com grafismos de Kazuo Wakabayashi. *Amavisse*, *Via espessa* e *Via vazia* formariam uma trilogia lançada em 1989 por Massao Ohno sob o título *Amavisse*. Em tom metafísico, o livro elabora a perda do amor e o lugar ocupado pelo desejo. Em entrevista ao *Correio Popular*, de Campinas, em maio de 1989, a autora definiu este como sua "despedida": "não vou publicar mais nada, porque considerei um desaforo o silêncio".[1] A reunião, acrescida de *Sobre a tua grande face*, *Do desejo*, *Da noite* e *Alcoólicas* — este último publicado em 1990, com ilustrações de Ubirajara Ribeiro, pela editora paulistana Maison de Vins —, daria corpo a um novo livro, concebido pela própria autora. O conjunto dos sete volumes resultou em *Do desejo*, publicado em 1992 pela editora Pontes, de Campinas.

No mesmo ano saiu *Bufólicas*, com desenhos de Jaguar, lançado por Massao Ohno. O volume encerra a tetralogia obscena, composta por esse livro de poesia e três de prosa, que marcam a fase em que Hilda disse "adeus à literatura séria": *O caderno rosa de Lori Lamby*, de 1990, *Contos d'es-*

---

1 *Fico besta quando me entendem*. São Paulo: Biblioteca Azul, 2013. p. 105.

cárnio/ Textos grotescos, de 1990, e *Cartas de um sedutor*, de 1991. Depois dessas fábulas parodiadas, com altas doses de humor, Hilda lançou em 1995, com Massao Ohno, sua última e breve coletânea de dez poemas, reunidos em *Cantares do sem-nome e de partidas*. Sua última compilação em vida, publicada em parceria de Massao Ohno e Edith Arnhold em 1999, é *Do amor*.

Em 2001, a obra de Hilda passou a ser publicada pela Globo, editora de amplo alcance que agrupou sua lavra poética em oito tomos, organizados pelo crítico Alcir Pécora.

No presente volume, que reúne pela primeira vez toda a poesia de Hilda, a ordem cronológica dos livros foi mantida. Acrescentamos uma seleção de versões e esboços de poemas inéditos, recolhidos na Casa do Sol e na Unicamp, para observar de perto o processo criativo da poeta que, com frequência, inventava palavras — é o caso de "malassombros", "mesmismo" e "correirice", além de aglutinações como "porisso" e "vezenquando".

Este livro cobre, assim, um arco de intensa atividade de Hilda, que se dedicou apaixonadamente à poesia ao longo de 45 anos. Em entrevista ao *Suplemento Literário de Minas Gerais*, em abril de 2001, ela ponderou sobre sua poética: "Não é que eu queira uma aceitação do público. Mas quando a gente vai chegando à velhice como eu, com setenta anos, dá uma pena ninguém ler uma obra que eu acho maravilhosa. Fico besta de ver como as pessoas não entendem o que escrevi. Recuso-me a dar explicações. Falam coisas absurdas, que a minha obra não tem pontuação, não tem isso, não tem aquilo... Acho desagradável ter que falar sobre a minha obra, é muito difícil. Sei escrever".[2]

2 Op. cit., p. 219.

Nota dos editores
Embora *Da poesia* organize a obra poética de Hilda Hilst pela cronologia,
é importante destacar que nem todos os títulos foram publicados pela autora
em volumes avulsos. *Trajetória poética do ser (I)*, *Odes maiores ao pai*,
Iniciação do poeta, *Pequenos funerais cantantes ao poeta Carlos Maria
de Araújo* e *Exercícios para uma ideia* foram incluídos na compilação
Poesia (1959/1967), editada pela Livraria Sal em 1967. *Via espessa* e *Via vazia*
tampouco saíram como títulos autônomos: acrescidos de *Amavisse*, foram
lançados como trilogia sob o título *Amavisse*, em 1989, pela editora Massao
Ohno. Por último, *Da noite* integra a reunião *Do desejo* (editora Pontes, 1992),
que abrange, além desses dois títulos, *Amavisse*, *Alcoólicas* e *Sobre a tua
grande face*.

PRESSÁGIO

poemas primeiros (1950)

À minha mãe

Voltando (porque tua volta sinto-a num presságio) acenderei luzes na minha porta e falaremos só o necessário.
Terás pão e vinho sobre a mesa.
Virás acabrunhado (quem sabe) como o filho que retorna.
Nesse dia, a lamparina de teu quarto deixarás que fique acesa a noite inteira.
O amor sobrevive.
E seremos talvez amor e morte ao mesmo tempo.

I

Stela, me perguntaram
se permaneces no tempo.
Se teu rosto de coral
e teus cabelos de pedra
ficarão indefinidos
no espaço, pedindo sol.

Ainda ontem te vi.
Olhar quase estagnado.
Descias azuis escadas
com aquele teu xale verde.
Aquele xale de Stela
parecia feito d'água:
verde aguado, verde aguado.

Debaixo dos teus dois braços
trazias rosas molhadas.

Aquelas rosas de Stela
e Stela me perguntando
se a morte é cousa que passa.

Stela, que desconsolo.
Não sabes onde termina
a aurora de tua presença.

No tempo, se é que existes,
só ficarás peregrina.

Como pesa: Stela e eu.

II

Me mataria em março
se te assemelhasses
às cousas perecíveis.
Mas não. Foste quase exato:
doçura, mansidão, amor, amigo.

Me mataria em março
se não fosse a saudade de ti
e a incerteza de descanso.
Se só eu sobrevivesse quase nula,
inerte como o silêncio:
o verdadeiro silêncio de catedral vazia,
sem santo, sem altar. Só eu mesma.

E se não fosse verão,
e se não fosse o medo da sombra,
e o medo da campa na escuridão,
o medo de que por sobre mim
surgissem plantas e enterrassem
suas raízes nos meus dedos.

Me mataria em março
se o medo fosse amor.
Se março, junho.

III

Gostaria de encontrar-te.

Falar das cousas
que já estão perdidas.

Tuas mãos trementes
se desmanchariam
na sonoridade
dos meus ditos.

Faria de teus olhos
luz,
de tua boca
um eco.

Nos teus ouvidos
eu falaria de amigos.

Quem sabe se amarias escutar-me.

IV

Brotaram flores
nos meus pés.
E o quotidiano
na minha vida
complicou-se.

Diferença triste
aborrecendo o andar
de minhas horas.
Rosa Maria
tem flores na cabeça.
Maria Rosa as leva no vestido.
E esse nascer de flores
nos meus pés,
atrai olhares de espanto.

Ainda ontem
me vieram dizer
se eu as vendia.
Meus pés iriam
com flores andar
sobre o teu silêncio.
Tua vida
no meu caminho,
na caminhada grotesca
daqueles meus pés floridos.

De tanto serem zombadas
morreram adolescentes.
Pobres pés, pobres flores.
murcharam ontem,
hoje secaram.

E o quotidiano
na minha vida
complicou-se.

V

Amargura no dia
amargura nas horas,
amargura no céu
depois da chuva,
amargura nas tuas mãos

amargura em todos os teus gestos.

Só não existe amargura
onde não existe o ser.

Estão sendo atropelados
em seus caminhos,
os que nada mais têm a encontrar.
Os que sentiram amargura de fel
escorrendo da boca,
os que tiveram os lábios
macerados de amor.
Estão terrivelmente sozinhos
os doidos, os tristes, os poetas.

Só não morro de amargura
porque nem mais morrer eu sei.

VI

Água esparramada em cristal,
buraco de concha,
segredarei em teus ouvidos

os meus tormentos.
Apareceu qualquer cousa
em minha vida toda cinza,
embaçada, como água
esparramada em cristal.
Ritmo colorido
dos meus dias de espera,
duas, três, quatro horas,
e os teus ouvidos
eram buracos de concha,
retorcidos
no desespero de não querer ouvir.

Me fizeram de pedra
quando eu queria
ser feita de amor.

VII

Maria anda como eu:
Impossibilitada de fazer
tudo o que quer.

Tem mãos amarradas,
ar de doente, olhar de demente,
cansada.

Maria vai acabar como eu:
covarde nas decisões,
amante das cousas indefinidas
e querendo compreender suicidas.

Maria vai acabar assim sem rumo,
andando por aí,
fazendo versos
e tendo acessos
nostálgicos.

Maria vai acabar
bem tristemente.
De qualquer jeito,
lendo jornais,
tendo marido
indefinido.

(Não sei por que Maria
quer compreender
muito, demais,
a vida do suicida.
E Maria vai acabar
se fartando da vida.)

A vida, coitada,
é camarada, gosta de Maria,
quer fazer Maria viver mais,
porque Maria é desgraçada.
Quer deixá-la para o fim,
assim à mostra,
e eu francamente não entendo
por que Maria não gosta
da vida.

VIII

Canção do mundo
perdida na tua boca.

Canção das mãos
que ficaram na minha cabeça.

Eram tuas e pareciam asas.

Pareciam asas
que há muito quisessem repousar.

Canção indefinida
feita na solidão
de todos os solitários.

Os homens de bem
me perguntaram
o que foi feito da vida.

Ela está parada.
Angustiadamente parada.

O que foi feito
da ternura dos que amaram...

Ficou na minha cabeça,
nas tuas mãos que pareciam asas.
Que pareciam asas.

IX

Colapso hibernal
das cousas ausentes.
Desfila diante de mim
o teu olhar parado.
Na minha frente
há figuras de mortos
tecendo roupas brancas,
e na tua vida
há qualquer cousa de triste
que não foi contado.

Coragem de viver os dias
sem falar de loucos
quando há qualquer louco
no infinito,
pedindo uma lembrança
e contei os seus dias de vida
nos meus sonhos.

Existe um deus qualquer
nas minhas entranhas.

Pobre loucura
atrofiando o amor da amada.
Teu pobre olhar
atrofiou minha vida inteira.

X

Olhamos eternamente
para as estrelas
como mendigos
que eternamente
olham para as mãos.

E imaginamos
cousas absurdas
de realização.
Cousas que não existem
e cujo valor
é o de consistirem
parte da ilusão.

E olhamos eternamente
para as estrelas
porque parecem diferentes.
E quando agrupadas
eu as revejo individualizadas.
Estrelas... só.
Quem sabe se naquela imensidão
elas sofrem o mal dissolvente,
passivo,
mas dissolvente ainda: solidão.

Brilham para o mundo.
No entanto estão sozinhas
na lúgubre fantasia de pontas.

Nunca, meditem,
nunca as encontraremos
pois elas olham

igualmente para nós
e nos desejam
porque estão sós.

XI

Quando terra e flores
eu sentir sobre o meu corpo,
gostaria de ter ao meu lado tuas mãos.
E depois, guardar meus olhos dentro delas.

XII

Dia doze... e eu não suportarei
o estado normal das cousas.
O ano que vem, não vou desejar
felicidades a ninguém.

Nem bom natal, nem boas entradas.

Meus amigos sabem de tudo o que eu sei.
E continuam a viver sem interrupção,
apressadamente como no ato do amor.
São doidos e não percebem que amanhã
Cristina não virá.
Que amanhã Cristina vai morrer
porque ama a vida.

Amanhã serei corajosamente Cristina.
Eu, amando todos os que sofrem.
Eu... essência.

Mas os meus amigos, coitados,
não percebem.
Fazem filhos nascer, fazem tragédia.
Não sabem que o amor não é amor
e a natureza é um mito.

Não sabem de nada os meus amigos.
E não vou explicar
porque podem ficar sentidos.
São puros, vão morrer como anjos.
Vão morrer sem nada saber
daqueles dias perdidos.

Vão morrer sem saber que estão morrendo.

XIII

Me falaram de um deus.
Eu chorava na quietude
dos dias sós.

A irmã morta sorria
o riso pálido dos santos.

Me falaram de um deus.
Deus em branco.
Deus que faz de flores, pedras.
E de pedras, compreensão.

Deus amargurado.
Chora e geme
na quietude dos dias sós.

Consolo.

XIV

Fui monja
vestida de negro
em labirinto azul.

Antes do Ser
havia um homem
consciente
destruindo o lirismo
descuidado
das minhas madrugadas.

Estava presente
nas conversas dos bares
— solitárias histórias.
Estava presente
na fusão dos homens medíocres
e dos homens sem cor.

Em azul e negro
eu vi o esboço
de um caso triste,
aquele doido
procurando as mãos.
As mãos que deixara

sobre alguma mesa
de mármore azulado
em algum labirinto azul.

Andei tanto por corredores vazios
que nas minhas chagas
não existem pés.
Inconsciente monja vestida de negro,
teus cabelos eram feitos de conchas,
teu véu de redes do mar.
Entre os dedos tinhas contas coloridas.
Mas havia um homem
consciente
destruindo o lirismo
das tuas madrugadas.

Morreu o mundo das monjas.
Morreu o mundo das mãos.
Sou doida desfigurada
procurando mãos
mergulhadas em azul.

Sou quase morta
no descanso estéril
da cor negra.

XV

À Gisela

Amiga, muito amiga.
Tristemente pensei nesses teus olhos tão tristes.
Os homens não mais te compreendem.
A vida, tu mesma compreendeste muito.
O teu grande desejo de cousas novas
desapareceu no rol das cousas velhas.
O teu amor por ele transformou-se
em amor maior: amor por tudo o que se extingue.
Nunca foste tão verdadeira
como nestes últimos dias de corajosa submissão.
Se a morte não te amedronta,
acaba placidamente, sem dizer adeus
aos teus amigos, acaba sem preparação para o final,
acaba sem melancolia, acaba sem dó.

E depois... acaba assim: na convicção
de que se não findasses por resolução,
a vida faria de ti, ó doce amiga,
refúgio dos que não mais se entusiasmam,
apoio dos homens solitários.

Hoje e só hoje, pensa com alegria no amor,
pensa que as árvores estão todas em flor: azuis,
amarelas, vermelhas. Pensa que vais acabar
no desespero de um dia de sol...
pensa naqueles que não são e nunca hão de ser
o que és agora.

Acaba depois sem um soluço, sem tragédia,
sem dizer adeus aos teus amigos,
acaba... só.

XVI

Tenho preguiça
pelos filhos que vão nascer.

Teremos que explicar
tanta cousa a tantos deles.
Um dia hão de me perguntar
tudo o que perguntei:
Mãe, por que não posso
ver Augusto quando quero?
Mãe, andei lendo muito esses dias
e estou quase chegando
a encontrar o que eu queria.

Inutilidade das palavras.

Tenho preguiça,
tanta preguiça
pelos filhos que vão nascer.
Dez, vinte, trinta anos
e estarão procurando alguma cousa.
Nunca se lembrarão
daqueles que já morreram
e procuraram tanto.
Vão custar (ó deuses)
a entender aqueles
que se mataram.
Os filhos que vão nascer,
coitados!
Hão de pensar que são eles
os destinados.
Hão de pensar que você
nunca passou o que eles estão passando.

Os filhos que vão nascer...

Insatisfeitos.
Incompreendidos.

XVII

Todos irão sempre contra ti
porque tens pureza.

Porque o agitado de tuas mãos
é quase nostálgico.

Porque teus olhos
ficarão abertos
para quem os viu
uma única vez.

Todos irão sempre contra ti
porque hás de querer
um mundo novo e diferente.
Porque és estranho
e diferente para o nosso mundo.

És quase um louco
porque não dás atenção
a toda gente.

Dirão que és poeta.
Porque a poesia aparece nos teus gestos
como aparece fé na oração de um crente.
Amaste quase todas as mulheres.
Mas o amor agora é tão difícil.

Não existes para mim.
Mas agitado, febril,
quase doente, és vivo...

Vivo demais para viver conosco.

XVIII

Ah, ternura dos dias
que prometiam alguma cousa.
Ah, noites que esperavam vida.

Disseste que o mundo
dificulta o caminho dos bons
e que pesa tanto nos teus ombros
o estandarte do amor.

Tua vida consumiu-se
num sonho de adolescente.
Teus olhos há muito
não dizem nada
e simulam mistério
quando sorris.

Sabes alguma cousa
além dos homens.

Soubesses ao menos
a eterna escuridão
dos que procuram luz.

XIX

As mães não querem mais filhos poetas.

A esterilidade dos poemas.
A vida velha que vivemos.
Os homens que nos esperam sem versos.
O amor que não chega.
As horas que não dormimos.
A ilusão que não temos.

As mães não querem mais filhos poetas.

Deram o grito
desesperado
das mães do mundo.

XX

Antes soubesse eu
o que fazer com estrelas na mão.
Se dilacerar-lhes a ponta
ou simplesmente não tocá-las.
Se estão perto cegam meus olhos.
Se estão longe as desejo.

Antes soubesse eu
o que fazer com estrelas na mão.

XXI

Estou viva.
Mas a morte é música.
A vida, dissonância.
Minha alegria é como
fim de outono porque
tive nas mãos ainda flores
mas flores estriadas de sangue.

Há cristais coloridos
nos teus olhos.
Vida viva nos teus dedos.

Estou morta.
Mas a morte é amor.

Não fiz o crime dos filhos
mas sonhei bonecos quebrados
sonhei bonecos chorando.

Alguns dias mais
e serei música.
Serás ao meu lado
a nota dissonante.

BALADA
DE
ALZIRA

(1951)

A meu pai

Somos iguais à morte. Ignorados e puros.
E bem depois (o cansaço brotando nas asas)
seremos pássaros brancos à procura de um deus.

I

Eu cantarei os humildes
os de língua travada
e olhos cegos
aqueles a quem o amor feriu
sem derrubar.

Cantarei o gesto
dos que pedem e não alcançam
a resignação dos santos
o sorriso velado e inútil
dos homens conformados.

Eu cantarei os humildes
o homem sem amigos
o amante sem esperança
de retorno.

Cantarei o grito
de escuta universal
e de mistério nunca desvendado.
Serei o caminho
a boca aberta
os braços em cruz
a forma.

Para mim
virão os homens desconhecidos.

II

De tudo ficou um pouco
Do meu medo. Do teu asco
C. DRUMMOND DE ANDRADE

O que ficou de mim
além de eu mesma
não o sei.
Nem o digas às crianças
porque no que ficou
a palavra de amor
está partida

imperceptível sombra
de flor no ramo frágil.

Nem o digas aos homens
Era o rio
e antes do rio havia areia.
Era praia
e depois da praia havia o mar.
Era amigo
ah! e se tivesse existido
quem sabe ficava eterno.

Nada ficou de mim
além de eu mesma.
Tênue vontade de poesia
e mesmo isso

imperceptível sombra
de flor no ramo frágil.

III

Naquele momento
o riso acabou
e veio o espanto
e do meu choro
o desentendimento
e das mãos unidas
veio o tremor dos dedos
e da vontade de vida
veio o medo.
Naquele momento
veio de ti o silêncio
e o pranto de todos os homens
brotou nos teus olhos translúcidos
e os meus se afastaram dos teus
e dos braços compridos
veio o curto adeus.

Naquele momento
o mundo parou
e das distâncias
vieram águas
e o barulho do mar.
E do amor
veio o grande sofrimento.

E nada restou
das infinitas coisas pressentidas
das promessas em chama.
Nada.

IV

Ah! Se ao menos em ti
eu não me dissolvesse.
E se ao menos contigo
ficar pouco de mim
lembrança de algum dia
ou meu nome guardar
um momento de sol...

Se ao menos existisse
em nós a eternidade.

V

Acreditariam
se eu dissesse aos homens
que nascemos

tristemente humanos
e morremos flor?

Acreditariam
que a presença é ausente
quando o olhar se perde
nas alturas?

Acreditariam
ser a nossa vida
vontade consciente
de não ser?

E ser luz e estrela
água, flor.

VI

a um amigo

Estás ausente.
Mas há no amor
como que eterna
sobrevivência.
É como rosa
que não se corta
e nem se colhe
pela manhã.

Estás ausente.
Mas este amor
é bem aquele
feito de estrelas
que persistiram
até que o dia
se aproximasse.

Estás ausente.
Vivo e perene
nestes abismos
do pensamento.

VII

Restou um nome de bruma
no meu eterno cansaço.

Restou um tédio de cinza
no meu todo de silêncio.

Tanta tristeza no meu sono imenso...

VIII

à Gisela

O poema não vem.
E quando vem é falho,
impreciso.
Este canto sem nome
é um apelo
aos homens à escuta
e às mulheres.

Há tempos que sua ausência
ronda os caminhos do sono
envolve-se igual à rede
no mistério de minha vida.

Boiavam antes os peixes
à tona do pensamento.

Havia estrelas do mar
no fundo dos castiçais.

II

Manhã raiada ou soluço
perdido na madrugada,
transformado em folha, fruto,
brotando igual à palmeira
em terra sem tradição
mesmo assim,
tragam esta poesia
que é preciso falar
da amiga que se indo embora
demora até voltar.
E deste amor de pensá-la
sem revê-la
nascerá o meu canto
mais sentido
que o cantar dos amantes
satisfeitos.

III

Homens distantes do mundo
sucumbidos pelo sonho,
dia virá em que aś naus
estarão sem nenhum porto
e as velas sem direção.
Nem haverá uma estrela
buscando o brilho de outrora
e sem ela algum poeta
fazendo um último apelo:
— Procurem o poema virgem.
Manhã raiada ou soluço
perdido na madrugada...

IX
POEMA DO FIM

A morte surgiu
intocável e pura.
Depois, teu corpo se alongou
inteiro sobre as águas.
Dos teus dedos compridos
estouraram flores
e ficaram árvores
ao sol.

Escorreguei meus braços
no teu peito sem queixa
e cobri meu corpo
com teu corpo de espuma.

. . . .

Ainda ontem
os homens colheram rosas
que nasceram de nós.

X

Brilhou um medo incontido
na tua face de luz.
E teu amor resguardou-se
e silenciou.

Quis esconder os meus dedos
nos teus cabelos de mágoa

mas a tua mágoa era grande
para fugir no meu gesto.

Agora o amor é inútil
e inútil o meu consolo.
Estamos sós.

Entre o teu amor
e o meu afago,
aquele triste mundo de certezas.

XI

Amado, quando morreres
mil estrelas cor de sangue
virão recobrir-te o peito.
Uma delas ficará
perdida por entre os dedos.
À outra tu contarás
o livro que não fizeste
reza que não aprendeste
e vontade que tiveste
de ver amigo chorando
chorando por causa tua.

E todos hão de notar
água clara nos teus olhos
e sombra nos teus cabelos
e pena que vai crescer
no teu coração de luto.

Pena desses que ficaram
consumidos na incerteza
ou pena daquela amante
que nunca soube dizer
o que sonharas ouvir.

Os homens hão de chorar
no teu momento de morte.
Porque dirás às estrelas
todas as coisas caladas
que só a mim revelaste.

XII

O teu gesto de alegria
nunca será para mim.

O teu conflito noturno
este sim
pousará na minha face.

XIII

Existe sempre o mar
sepultando pássaros
renovando soluços
rompendo gestos.

Existe sempre uma partida
começando em ti
tomando forma
e sumindo contigo.

Existe sempre um amigo perdido
um encontro desfeito
e ameaços de pranto na retina.

Existe um canto de glória
iniciado nunca
mas guardado no meu peito
dissolvendo a memória.

E além da canção incontida
do teu amor ausente
além da irrevelada amargura
desta espera
existe sempre a terra
desfazendo
as vontades primeiras de Existir.

XIV

Há no meu mundo
gesto de luto
que me adivinha
muro de pedra
se intercalando
no meu caminho
como uma sombra
de amargura

tomando forma
quase serena
e inconsolável
de criatura.

Há desconsolo
permanecendo
nos meus prelúdios
de alegria.
Só tenho a ti
mas tão distante
que não me ouves.
Chamo e pergunto
se não me queres
mas o teu grito
de assentimento
chega cansado
ao meu ouvido
e assim cansado
desaparece
como um lamento.

Meu muito amado
bem o quisera
que esta vontade
que se avoluma
no pensamento
se fosse embora.

Bem o quisera.

XV

a Carlos Drummond de Andrade

A rosa do amor
perdi-a nas águas.

Manchei meus dedos de luta
naquela haste de espinho.
E no entanto a perdi.
Os tristes me perguntaram
se ela foi vida p'ra mim.
Os doidos nada disseram
pois sabiam que até hoje
os homens
dela jamais se apossaram.

Ficou um resto de queixa
na minha boca oprimida.
Ficou gemido de morte
na mão que a deixou cair.

A rosa do amor
perdi-a nas águas.
Depois me perdi
no coração de amigos.

XVI

O que nós vemos das coisas são as coisas.

FERNANDO PESSOA

As coisas não existem.
O que existe é a ideia
melancólica e suave

que fazemos das coisas.

A mesa de escrever é feita de amor
e de submissão.
No entanto
ninguém a vê
como eu a vejo.
Para os homens
é feita de madeira
e coberta de tinta.
Para mim também
mas a madeira
somente lhe protege o interior
e o interior é humano.

Os livros são criaturas.
Cada página um ano de vida,
cada leitura um pouco de alegria
e esta alegria
é igual ao consolo dos homens
quando permanecemos inquietos
em resposta às suas inquietudes.

As coisas não existem.
A ideia, sim.

A ideia é infinita
igual ao sonho das crianças.

XVII
BALADA DE ALZIRA

O homem que não foi meu
um dia será de Alzira.
E passará os seus dedos
sobre suas pernas de virgem
e contará o segredo
daquele olhar de menina.
Amado, bem o sabia
que os meus delírios noturnos
nunca te resguardariam
do sabor dos frutos novos.
Os homens querem Alzira
e os escondidos dos mares
e as conchas que não se lançam
às vontades das marés.
Há muito que pressentia
teu gesto de retirada
(como a noite espera o dia
mergulhada no silêncio)
Alzira, menina pura
teu corpo feito de lírios
assustava aquele meu
maduro e já sem vontade
de lutas e de emboscadas.

. . . .

O homem que não foi meu
(porque me deu estertores
que à outra seriam dados)
em tardes de fevereiro
Alzira levou p'ra longe.

. . . .

Aquela menina pura
ficou pétala fendida
flor com mil olhos de água
espantados e noturnos.

. . . .

Alzira soluço brando
e face tão misteriosa
que pena tenho guardada
por te saber corrompida.

BALADA DO FESTIVAL

(1955)

*Ao meu irmão
a Lygia e Goffredo*

Não falemos.
E que as vontades primeiras
permaneçam
gigantescas e disformes
sem caminho nenhum
para o mundo dos homens.

I

Corpo de argila
meu triste corpo
não é verdade

se te disserem
minha elegia
ser mais vaidade
do que homenagem.

Por que o seria?
Me adivinhaste
quando a palavra
nada dizia

e longo tempo
(quando se amava)
havia dias
em que choravas

e estremecias.

Falam de ti.
Da tua pouca
fidelidade.

Mas o que importa
a infinidade
dos teus amantes
se toda vez
que te entregavas
extenuado

te perdias.
Ah, se a poesia
me permitisse
voos mais altos

mesmo na morte
as confidências
que eu te faria...

Ainda me tens.
E bem por isso
destila em mim
teu peso enorme.

E no poema
que te dedico

meu triste corpo
ainda uma vez
chora comigo
chora comigo.

II

a Fernando Lemos

Já não sei mais o amor
e também não sei mais nada.
Amei os homens do dia
suaves e decentes esportistas.
Amei os homens da noite
poetas melancólicos, tomistas,
críticos de arte e os nada.

Agora quero um amigo.
E nesta noite sem fim
confiar-lhe o meu desejo
o meu gesto e a lua nova.

Os que estão perto de mim
não me veem... Estende a tua mão.
Ficaremos sós e olhos abertos
para a imensidão do nada.

III

Haste pensativa e débil
da rosa que tenho na memória.
Te pareces comigo na efêmera vontade
de ser mais vida e menos morte.
Só nos falta o amor. Grande. Sem mácula.
O poema infinito para mim,
a eternidade para a tua rosa.

IV

a Vinicius de Moraes

Na hora da minha morte
estarão ao meu lado mais homens
infinitamente mais homens que mulheres.
(Porque fui mais amante que amiga)
Sem dúvida dirão as coisas que não fui.
Ou então com grande generosidade:
Não era mau poeta a pequena Hilda.

Terei rosas no corpo, nas mãos, nos pés.
Sei disso porque fiz um pedido piegas
à minha mãe: "Quero ter rosas comigo
na hora da minha morte".

E haverá rosas.
São todos tão delicados
tão delicados...

Na hora da minha morte
estarão ao meu lado mais homens
infinitamente mais homens que mulheres.
E um deles dirá um poema sinistro
a jeito de balada em tom menor...

Tem tanto medo da terra
a moça que hoje se enterra.
Fez poema, fez soneto
muito mais meu do que dela.
Lá, lá, ri, lá, lá, lá, lá.

V

Maior que o meu sonho de viagem
é o amor que te tenho muito amado.
Maior que o meu canto
só o filho nascido da ternura
e este... existe em mim. Perplexo
e esplendoroso filho do amor.

VI

Nada mais tenho
na memória
rosa dos ventos
transitória
onde estarás
depois de todo
o meu tormento...

Hás de ficar
tão só, tão só
no pensamento
e depois dele
o que restar
sal e areia
esquecimento
há de voltar
para o teu sono
secular.

Rosa dos ventos
eu te imagino
viagem, navio.

Mas o que há
é o sofrimento
de ver o rio
o rio, o rio
(pobre de mim)
e nunca o mar...

VII

Inadvertida rosa.
Quis avisar-te
do roteiro sem fim
das urzes e da ventania.
(Já era tarde quando
pensei em procurar-te.
De nada adiantaria.)

Deixaste a terra
que te alimentava
e o lírio. Te lembras?
Aquele que aos teus pés crescia.
Nada somos sem ti.
No entanto, espera.
Na tua volta
deixarão que eu fale
porque sou poeta. E te direi...

estrela inédita
na vastíssima escuridão
que me contorna. Surgiste.

VIII
BALADA PRÉ-NUPCIAL

Menina, nunca na vida
vi coisa igual a tua boca
nem nunca meus olhos viram
teu corpo e tua carne moça.

Deixa que eu sinta a beleza
de tuas coisas escondidas.

E o cravo desabrochado
se expandia, se expandia...

Deixa meu peito ondular-se
nas tuas pernas de repente
permitidas. E prometo...
prometo mares e mundos
e te imagino subindo
as escadas de uma igreja
nós dois as mãos enlaçadas
nossa culpa redimida.
Deixa menina que eu diga
aquela palavra louca
no teu ouvido... Não ouças!

mas deixa, porque no amor
as palavras se transformam
e têm um outro sentido.
Me abraça e morre comigo.

E as duas coisas se chocaram
na mesma doida investida...
Soluço que não se ouvia
(espaçado e comovido)
e o cravo que se expandia
foi se abrindo, foi se abrindo
em choro, promessa e dor,
florindo o filho do medo
muito mais medo que amor.

IX

Amado, não tão meu
mas tão amado e em noite
se transformando. Tua voz

rumor de coisas pressagas.

Amo-te tanto. Poeta
já não sou. Nem mesmo amante.
Na minha estrela sem luz

existe um medo maior
que o de perder-te. Te amar
pressentindo e renascendo

áspera rocha... fonte...

X
CANÇÃOZINHA TRISTE

E fiz de tudo...
Fui autêntica, durante algum tempo.
Fui inquietude e fragilidade.
Brilhei em roda de amigos.
Pratiquei o esporte com violência
e uma vez (trágica melancolia!)
nadei com aparente desenvoltura
(peito arfante e dilacerado)
mil metros na butterfly...
Fui amante, amiga, irmã,
sorri quando ele me disse coisas amargas...

E nada o comove.
Nada o espanta.
E ele mente
e mente amor
como as crianças mentem.

XI

Tenho pena
das mulheres que riem com os braços
e choram de mentira para os homens.
E descobrem o seio antes do convite
e morrem no prazer... olhos fechados.

Tenho pena
do poeta feito para só ser pai... e ser poeta.
E daqueles que dormem sobre o papel
à espera do vocábulo
e dos que fazem filhos por acaso
e dos doidos e do cão que passa

e de mim... que espero a morte
na confusão e no medo.

XII

Serena face
distanciando
o meu desejo.

Tão longe estás
que já nem sei
o que te assombra
alga ou areia
mar ou lampejo
de desencanto.

A minha boca
emudeceu.
Se retornando
não a encontrares
pensa no amor
chama e soluço
que se perdeu.

Solto os cabelos
e fico à espera.

Mas sobre mim
como na morte
crescem as heras.

XIII

Amadíssimo, não fales.
A palavra dos homens desencanta.

Antes os teus olhos de prata
na noite espessa do teu rosto.
Antes o teu gesto de amor

espera de infinito e de murmúrio,
água escorrendo da fonte, espuma de mar.

Depois, descansarás em meu peito
as tuas mãos de sol. O vento de amanhã
sepultará em meu ventre
cálido como areia, fecundo como o mar,

a semente da vida.

Ouve: só o pranto
grita agora em meus ouvidos.

XIV
BALADA DO FESTIVAL

Na verdade apareceu
vindo de terras distantes
um homem quase poeta
que me amou e que se deu
a mim e a outras também.
E dizia ao telefone
coisas tão ternas, tão tudo,
que só de ouvi-lo e esperá-lo
muita mulher se perdeu.
Muita mulher... também eu.
Amei-o naquela pressa
de horas marcadas e hotéis...
dentro de mim a promessa
de amá-lo ainda que fosse
na velha China, nos mares,
dentro de algum avião.

E quando ele me chamava
eu toda vagotonia
ia e vinha e pressentia
o homem que me fugia
de passaporte na mão.
Agora estou tão cansada
perdi-me na confusão
de ser amante e amada.
Se ainda vou procurá-lo
em Paris ou em Viena
não me perguntem, amigos,
que eu faço um olhar tão triste
tão triste de fazer pena...
Na verdade apareceu
vindo de terras distantes
um homem, asas e Orfeu.

XV

Haverá sempre o medo
e o escondido pranto
no meu canto de amor.

Dos homens e da morte
mais noite que auroras
em verso e pensamento
concebi. Nas crianças
amei os olhos e o riso
o clamor sem ouvido
o medo, o medo, o medo.

Se a fantasia
aproximar de mim
a tua presença,
fica. A teu lado,
serei amante sem desejo:
Pássaro sem asa.
Submerso leito.

XVI

Há uma paisagem sem cor dentro de mim.
Vejo-a tão perto e tão esplêndida...
súbita luz, nave dourada, espelho,
e transformando-se em névoa
intacta submerge.

Sem dúvida, meu amigo, a ilha
seria o nosso porto.
E depois dela viria o monólogo
e a certeza das coisas impossíveis.

XVII

a Luiz Hilst

O poema se desfaz. Bem sei.
E aos poucos morre.
Se o gênio do poeta conseguisse
a palavra com sabor de eternidade.
Dizer da amiga que se foi

e abria os olhos noturnos sem vontade.
Dizer do amante alguma coisa a mais
além da espera.
Dizer da mãe, ó amadíssima,
tudo o que a boca não diz
e que se perde.

Tão sós estão os homens e a palavra.
Por que não haverá um outro mundo
sem ruído nem boca,
mudo, esplendidamente mudo?

XVIII
BALADA DO CONDENADO À MORTE

Nossa Senhora das Trevas!
Nossa Senhora de Tudo!
Presos na minha garganta
a palavra e o soluço.
Mais um minuto, depois
a dor, o vazio, o escuro.
Tenho medo, minha mãe...
olhar de pedra dos homens
descontrole de meus braços
meu peito que esmaga e arde.
Nossa Senhora das Trevas!
— Ah, meu filho, agora é tarde...

— Um dia me leva, pai,
pra ver o mar e o navio?
Meu filho triste e pequeno,
tem pena de mim, perdoa

as coisas que nunca dei.
Ah, minha mãe, sinto o gosto
de sangue na minha boca
e perto de mim a morte
é silêncio, desespero,
e se não fosse verdade...

Tenho medo, tenho medo...
Meu peito me esmaga e arde
Nossa Senhora das Trevas!
— Ah, meu filho, agora é tarde...
Nossa Senhora de Tudo!
Senhora dos Condenados!

XIX

Nada de novo tenho a dizer-vos.
E se tivesse também não vos diria.
Os versos são prodígios escondidos
da minha fantasia.
Hão de ficar assim. Solenes. Mudos.
E por que não?

Quem alguma vez os leu
com o mesmo amor
com que os escrevi

e na mesma solidão...

XX

Nós, poetas e amantes
o que sabemos do amor?
Temos o espanto na retina
diante da morte e da beleza.
Somos humanos e frágeis
mas antes de tudo, sós.

Somos inimigos.
Inimigos com muralhas
de sombra sobre os ombros.
E sonhamos. Às vezes
damos as mãos àqueles
que estão chorando.
(os que nunca choraram por nós)

Ah, meus irmãos e irmãs...
Ai daqueles que nos amam
e que por amor de nós se perdem.
Ah, pudéssemos amar um homem
ou uma mulher ou uma coisa...
Mas diante de nós, o tempo
se consome, desaparece e não para.

Ouvi: que vossos olhos se inundem
de pranto e água de todo o mundo!
Somos humanos e frágeis
mas antes de tudo, sós.

ROTEIRO DO SILÊNCIO

(1959)

À memória de meus amigos
Otávio Mendes Neto
Zita Cintra Gordinho
José Luiz Pati
Sérgio Galvão Coelho

Não há silêncio bastante
Para o meu silêncio.
Nas prisões e nos conventos
Nas igrejas e na noite
Não há silêncio bastante
Para o meu silêncio.

Os amantes no quarto.
Os ratos no muro.
A menina
Nos longos corredores do colégio.
Todos os cães perdidos
Pelos quais tenho sofrido
Quero que saibam:
O meu silêncio é maior
Que toda solidão
E que todo silêncio.

CINCO ELEGIAS

É TEMPO DE PARAR AS CONFIDÊNCIAS*

PRIMEIRA

Teus esgares, de repente,
Teus gritos
Quem os entende?
E todos os teus ruídos
Teus vários sons e mugidos
Quem os entende?

E foi assim que o poeta
Assombrado com as ausências
Resolveu:
Fazer parte da paisagem
E repensar convivências.
Em vão tenho procurado
A glória das descobertas.
Em vão a língua se move
Trazendo à tona segredos.
Em vão nos locomovemos.
Para onde pés e braços?
Até quando estas andanças
E até quando estes passos?

Distantes os hemisférios
E as relíquias da memória.
Tão distante a minha infância

---

* Na primeira edição de *Roteiro do silêncio* (Anhambi, 1959), "Primeira" estava grafado por extenso. "É tempo de parar as confidências" aparecia como epígrafe com corpo menor. Já na compilação *Poesia 1959/1967* (Livraria Sal, 1967), "É tempo de parar as confidências" ganhou maior destaque, e as cinco elegias passaram a ser grafadas numericamente. (N. E.)

Pudor, beleza, invenção
E o ouro da minha trança
Não teve sequer canção.
Cresci tão inutilmente
Quando devia ficar
Debaixo das laranjeiras
À sombra dos laranjais.
Cresci, elegi palavras
Qualifiquei os afetos.
Vestígios de madrugada
Diante dos olhos abertos.
Claridades, esperanças,
Em tudo a cor e a vontade
De ver além das distâncias.

Depois as visões, as crenças
Algumas falas a sós
Premeditadas vivências
Graves temores na voz.

Era ou não
Abrasada adolescência?

SEGUNDA

O vocábulo se desprende
Em longas espirais de aço
Entre nós dois.
Ajustemos a mordaça
Porque no tempo presente
Além da carícia, é a farsa
Aquela que se insinua.
Faço parte da paisagem.
E há muito para se ver
Aquém e além da colina.

Há pouco para dizer
Quando a alma que é menina
Vê de um lado o que imagina,
Do outro o que todos veem:

O sol, a verdura fina
Algumas reses paradas
No molhado da campina.
Ventura a minha, a de ser
Poeta e podendo dizer
Calar o que mais me afeta.
Ventura ter o meu mundo
E resguardá-lo das cinzas
Das invasões e dos gestos.
Ah, poderiam ter sido
Encantados e secretos
Aqueles brandos colóquios
Que outrora se pareciam
Às doces falas do afeto.

TERCEIRA

As coisas que nos circundam
(Na aparência desiguais)
Conservam em suas essências
Ai, aquela mesma e triste
Parecença.
Difícil é escolher
Entre viver e morrer.
Difícil é o escutar-se
E ao mesmo tempo escutar
Rigores que vêm da terra
Lirismos que vêm do mar.
Auroras imprevisíveis
Entre Platão e Plutão.

Entre a verdade e os infernos
Dez passos de claridade
Dez passos de escuridão.
Consinto que me surpreendas
Dizendo palavras densas.
O não dizer é o que inflama
E a boca sem movimento
É que torna o pensamento
Lume
Cardume
Chama.
Não tenho tido descanso
Do falar de quem ama.
Amor é calar a trama.
É inventar! É magia!
As palavras engenhosas
E os teus dizeres do dia
À noite não têm sentido
Quando arquiteto a elegia.

E sendo assim continuo
Meu roteiro de silêncio
Minha vida de poesia.

QUARTA

Não te espantes da vontade
Do poeta
Em transmudar-se:
Quero e queria ser boi
Ser flor
Ser paisagem.
Sentir a brisa da tarde
Olhar os céus, ver às tardes

Meus irmãos, bezerros, hastes,
Amar o verde, pascer,
Nascer
Junto à terra
(À noite amar as estrelas)
Ter olhos claros, ausentes,
Sem o saber ser contente
De ser boi, ser flor, paisagem.
Não te espantes. E reserva
Teu sorriso para os homens
Que a todo custo hão de ser
Oradores, eruditos,
Doutos doutores
Fronte e cerne endurecido.
Quero e queria ser boi
Antes de querer ser flor.
E na planície, no monte,
Movendo com igual compasso
A carcaça e os leves cascos
(Olhando além do horizonte)
Um pensamento eu teria:
Mais vale a mente vazia.

E sendo boi, sou ternura.
Aunque pueda parecer
Que del poeta
Es locura.

QUINTA

É tempo para dizer
Se prefiro o teu amor
Àqueles, aos doces ares
Da minha campina em flor.

Tu que projetas e inventas
Estruturas ascendentes
E sonhas com superfícies
Além destes continentes
Tu que conheces melhor
As coisas do querer bem
(Porque até agora te quis
E antes não quis ninguém)
Tu, bem o sei, me pressentes.
E mais ainda, me vês
Tão perto do querer ser
Deste amor sempre contente...
Ah, descantares, lamentos,
As leves coisas do tempo
Têm seu tempo e seus altares.
É tempo para escolher
O anoitecer nas planuras
E o contemplar luaceiros
E é tempo para calar
A estória dos meus roteiros.
Paisagem, tu me alimentas
De verde, de sol, de amor.
E numa tarde tranquila,
Nos longes, seja onde for
Lembra-te um pouco de mim:
Que eu morra olhando as alturas.
E que a chuva no meu rosto
Faça crescer tenro caule
De flor. (Ainda que obscura.)

SONETOS QUE NÃO SÃO

I

Aflição de ser terra
Em meio às águas
PÉRICLES E. DA SILVA RAMOS

Aflição de ser eu e não ser outra.
Aflição de não ser, amor, aquela
Que muitas filhas te deu, casou donzela
E à noite se prepara e se adivinha

Objeto de amor, atenta e bela.
Aflição de não ser a grande ilha
Que te retém e não te desespera
(A noite como fera se avizinha)

Aflição de ser água em meio à terra
E ter a face conturbada e móvel.
E a um só tempo múltipla e imóvel

Não saber se se ausenta ou se te espera.
Aflição de te amar... se te comove.
E sendo água, amor, querer ser terra.

II

É meu este poema ou é de outra?
Sou eu esta mulher que anda comigo
E renova a minha fala e ao meu ouvido
Se não fala de amor, logo se cala?

Sou eu que a mim mesma me persigo
Ou é a mulher e a rosa que escondidas

(Para que seja eterno o meu castigo)
Lançam vozes na noite tão ouvidas?

Não sei. De quase tudo não sei nada.
O anjo que impulsiona o meu poema
Não sabe da minha vida descuidada.

A mulher não sou eu. E perturbada
A rosa em seu destino, eu a persigo
Em direção aos reinos que inventei.

III

Tenho te amado tanto e de tal jeito
Como se a terra fosse um céu de brasa.
Abrasa assim de amor todo meu peito
Como se a vida fosse voo e asa

Iniciação e fim. Amo-te ausente
Porque é de ausência o amor que se pressente.
E se é que este arder há de ser sempre
Hei de morrer de amor nascendo em mim.

Que mistério tão grande te aproxima
Deste poeta irreal e sem magia?
De onde vem este sopro que me anima
A olhar as coisas com o olhar que as cria?

Atormenta-me a vida de poesia
De amor e medo e de infinita espera.
E se é que te amo mais do que devia
Não sei o que se deva amar na terra.

IV

Tenho medo de ti e deste amor
Que à noite se transforma em verso e rima.
E o medo de te amar, meu triste amor,
Afasta o que aos meus olhos aproxima.

Conheço as conveniências da retina.
Muita coisa aprendi dos seus afetos:
Melhor colher os frutos na vindima
Que buscá-los em vão pelos desertos.

Melhor a solidão. Melhor ainda
Enlouquecendo os meus olhos, o escuro,
Que o súbito clarão de aurora vinda

Silenciosa dos vãos de um alto muro.
Melhor é não te ver. Antes ainda
Esquecer de que existe amor tão puro.

V

Leva-me a um lugar onde a paisagem
Se pareça àquela das visões da mente.
Que seja verde o rio, claro o poente
Que seja longa e leve a minha viagem.

Leva-me sem ódio e sem amor
Despojada de tudo que não seja
Eu mesma. Morna estrutura sem cor
A minha vida. E sem velada beleza.

Leva-me e deixa-me só. Na singeleza
De apenas existir, sem vida extrema.
E que nos escuros claustros do poema
Eu encontre afinal minha certeza.

VI

Que não se leve a sério este poema
Porque não fala do amor, fala da pena.
E nele se percebe o meu cansaço
Restos de um mar antigo e de sargaço.

Difícil dizer amor quando se ama
E na memória aprisionar o instante.
Difícil tirar os olhos de uma chama
E de repente sabê-los na constante

E mesma e igual procura. E de repente
Esquecidos de tudo que já viram
Sonharem que são olhos inocentes.

Ah, o mundo que os meus olhos assistiram...
Na noite com espanto eles se abriram.
Na noite se fecharam, de repente.

VII

A voz que diz o verso e a cantiga
Tem repetido mil vezes que te ama.
A voz amante, amor, não tem medida
E lenta é quase sempre leve e branda.

Que não conheça o grito a minha garganta
Porque bem sei quem és e de onde vens.
E nem penses que a mim me desencantam
As filhas que eu não tive e que tu tens.

Amo-te a ti e a todos esses bens.
Fosse maior o amor tu saberias
Que se te amo a ti, amo tuas filhas.
[Se as vejo são meus olhos que te veem].

Amo-te tanto. Sendo breve a vida,
Impossível a volta àquela infância
Que seja a tua ternura desmedida
Como se eu fosse também... uma criança.

DO AMOR CONTENTE
E MUITO DESCONTENTE

1

Iniciei mil vezes o diálogo. Não há jeito.
Tenho me fatigado tanto todos os dias
Vestindo, despindo e arrastando amor
Infância,
Sóis e sombras.
Vou dizer coisas terríveis à gente que passa.
Dizer que não é mais possível comunicar-me.
(Em todos os lugares o mundo se comprime.)
Não há mais espaço para sorrir ou bocejar de tédio.
As casas estão cheias. As mulheres parindo sem cessar,
Os homens amando sem amar, ah, triste amor
                              [desperdiçado
Desesperançado amor... Serei eu só
A revelar o escuro das janelas, eu só
Adivinhando a lágrima em pupilas azuis
Morrendo a cada instante, me perdendo?

Iniciei mil vezes o diálogo. Não há jeito.
Preparo-me e aceito-me
Carne e pensamento desfeitos. Intentemos,
Meu pai, o poema desigual e torturado.
E abracemo-nos depois em silêncio. Em segredo.

2

A Nely Dutra

Companheiros, é de lua
A noite que vem chegando.
Para engolir o meu pranto
Que eu não saiba de outras vidas
Nem dos que estão se matando.
Já tive tantas desditas
Que é preciso ir inventando
Caminhos novos, veleiros
(Além do mais navegando
Se conhece o marinheiro).
Verdade é o que tu me dizes:
O amor, poeta,
É alegria.
Por isso é que estou tramando
Viagens, vínculos, dádivas
Por isso a noite é de lua
E o coração é de brasa.
Não quero saber de herdeiros
Partilhando o meu encanto.
Inúmeras as viuvezes
(E evidentes desencantos)
Para uma vida tão pouca
E de amor... Ai, tantas vezes
Minhas asas, exiladas
Incendiaram as estrelas.
E nos sentires, nos tatos
Em todos os meus adeuses
O amor se reinventava
A si mesmo, tanto, tanto...
(Mas afinal é de pranto
O amor que se diz contente?)

Companheiros, é de lua
A noite que vem chegando.
E uma lua nas alturas
Tem tal força, tais ardências...
Senão vejamos: Eu, poeta
Nesta e noutras existências,
Cantando o do amor mais triste
(Onde se meteu a lua?)
Cantei-me. De amor contente.

3

Quero brincar, meus amigos
De ver beleza nas coisas.
Beleza no desatino
No teu amor descuidado
Beleza tanta beleza
Na pobreza.

Quero brincar meus amigos
De ver beleza na moça
Que por amor não se dá.
Nem por nada. E se reserva
Ao homem que Deus dará.

Quero brincar, meus amigos
De ver beleza na morte.
Mais que na morte, na vida.
Tão doce morrer em vida
Tão triste viver em vão.

Vamos brincar, meus amigos
E de mãos dadas cantar
Minha feliz invenção:
Beleza tanta beleza
Em tudo que se não vê
Beleza.

4

Falemos do amor, senhores,
Sem rodeios.
[Assim como quem fala
Dos inúmeros roteiros
De um passeio.]
Tens amado? Claro.
Olhos e tato
Ou assim como tu és
Neste momento exato.
Frio, lúcido, compacto
Como me lês
Ou frágil e inexato
Como te vês.
Falemos do amor
Que é o que preocupa
Às gentes.
Anseio, perdição, paixão,
Tormento, tudo isso
Meus senhores
Vem de dentro.
E de dentro vem também
A náusea. E o desalento.
Amas o pássaro? O amor?

O cacto? Ou amas a mulher
De um amigo pacato?
Amas, te sentindo invasor
E sorrindo
Ou te sentindo invadido
E pedindo amor. (Sim?
Então não amas, meu senhor)
Mas falemos do amor
Que é o que preocupa
Às gentes: nasce de dentro
E nasce de repente.
Clamores e cuidados
Memórias e presença
Tudo isso tem raiz, senhor,
Na benquerença.
E é o amor ainda
A chama que consome
O peito dos heróis.
E é o amor, senhores,
Que enriquece, clarifica
E atormenta a vida.
E que se fale do amor
Tão sem rodeios
Assim como quem fala
Dos inúmeros roteiros
De um passeio.

5

É antes de tudo a terra
Que me traz o medo.
E a crisálida no corpo.

E a flor no túmulo.
É na terra que penso
Quando te despedes
E fico só
Na noite alta e escura.

É antes de tudo a terra
Meu amor, mais nada
Quando me vês perdida
E em silêncio.
É antes de tudo a terra
Que confunde e amarga.

6

Tudo é triste. Triste como nós
Vivos ausentes, a cada dia esperando
      O imutável presente.
Tudo é triste. Triste como eu
      Antiga de carícias
      De olhos e lamentos
      Lenta no andar, lenta,
            Irmã
      De algum canto de ave
      Do silêncio na nave, irmã.

      Vamos partir, amor.
      Subir e descer rios
      Caminhar nos caminhos
            Beijar
      Amar como feras
      Rir quando vier a tarde.
      E no cansaço

Deitaremos imensos
Na planície vazia de memórias.

7

Enterrei à noite minhas estrelas
Porque à noite as flores
Elaboram em silêncio
Suas cores.

Enterrei à noite minhas estrelas.
Perdi graças e gigantes
Para não perdê-las...
Ah, mundo de terra e medo!

8

Existo face ao espelho

O pranto aflora
Escurecendo o olhar.

Os braços transparentes
Não são meus

Porque se o fossem

Não estariam sós
Sem abraçar.

O corpo nada tem
Que testemunhe
O gozo ou a dor.

O ventre é liso.

(Onde as estrias do amor?)

Existo face ao espelho.
Mas uma coisa me falta
E não me vê:

Os pés que hoje não são
Já foram pés de menina.
Tiveram graça e vontade:
Mergulho no rio da infância
De água tão cristalina.

Não há mais nada que andar
E nada para existir.

Tudo o que fui
Não sou mais.

9

O ruído das ruas
O ruído das casas
Todo dia.

O ruído das ruas
Que não passa

E o ruído das casas
Todo dia.

O ruído interior
[O meu ruído
De vísceras e vida
Que não passa].

O meu pedido?
Esse ruído de amor
Que se desfaça.

10

Tenho pedido a todos que descansem
De tudo o que cansa e mortifica:
O amor, a fome, o átomo, o câncer.
Tudo vem a tempo no seu tempo.
Tenho pedido às crianças mais sossego
Menos riso e muita compreensão para o brinquedo.
O navio não é trem, o gato não é guizo.

Quero sentar-me e ler nesta noite calada.
A primeira vez que li Franz Kafka
Eu era uma menina. (A família chorava.)
Quero sentar-me e ler mas o amigo me diz:
O mundo não comporta tanta gente infeliz.

Ah, como cansa querer ser marginal
            Todos os dias.
Descansem, anjos meus. Tudo vem a tempo
No seu tempo. Também é bom ser simples.

É bom ter nada. Dormir sem desejar
Não ser poeta. Ser mãe. Se não puder ser pai.

Tenho pedido a todos que descansem
De tudo o que cansa e mortifica.
              Mas o homem

              Não cansa.

11

Desatenta espero
Passar o tempo.
Tão desatenta

Que se o soubesse
Desataria toda vigília
— Verso e lamento.

Amo e desfaço
Sem o querer
Amor e abraço.

Um bem eu quis.
E desatenta
Tão desatenta

Não vi o espaço
Que dividia
A tua boca

Do meu cansaço.

12

O tempo é na verdade o do retorno.
Pensa como se agora fôssemos argila
E estivéssemos sós e mudos, lado a lado.
Por um momento (se viessem chuvas)
Talvez se misturasse o meu corpo com o teu
E um gosto de terra úmida aproximasse

Brandamente
As nossas bocas.

Que seja assim lembrada a tua ausência:
Como se nunca tivéssemos nascido
Sangue e nervos. Como se nunca tivéssemos
Conhecido a verdade e a beleza do amor.
Pensa como seria se não fôssemos.
E não houvesse o pranto, o ódio, o desencontro.
O tempo é na verdade o do retorno.
Se não for amanhã, será um dia.
O céu azul e limpo, o mar tranquilo
Pássaros e peixes, pássaros e peixes

Mais nada.

13

Somos crianças nesta noite escura.
Tudo mais não sabemos.
Largas raízes maduras
Apressam nosso passo

E é de amor e aço
O teu longo abraço em toda minha cintura.

Somos crianças nesta noite escura.
E a noite é fria
E pouca para a fantasia.
Morno rumor de sombras
E de folhas
Desfolha a rosa
Que eu te prometia.
Temos olhos e sonhos

E eu não sou aquela
Que o teu sonho pedia.

14

O melhor é não ver
Tudo o que te rodeia.
E inútil pensar
Que encontrando ouro
Na bateia
Alegrarás o olhar.

O melhor é não ver
O aço que cerceia.
E inútil sonhar
Que desfazendo o fio
Da tua teia
Há de ser livre o andar.

15

A Aldous Huxley

Agora, meus senhores
É preciso dormir.
Embora muitos não saibam
É cada vez mais difícil
Sorrir.

Agora, meus senhores
É preciso dormir.
Minhas senhoras e mães:
É preciso esquecer
De parir.

Temos um mundo novo:
Traço, aço, espaço e cor.
E estruturas infantis
Garra e pupila
Para o amor.

Agora, meus senhores
É preciso dormir.
E que o sonho não tarde.
Azul e rosa e gaze
Repetindo comigo:

Azul
E rosa
E gaze.

16

Não é verdade.
Nem tudo foi terra e sexo
        No meu verso.
        Se poeta sou
É porque sei também
Falar muito de amor
        Suavemente.
E sei como ninguém
        Afagar

A cabeça de um cão
Na madrugada.

17

As coisas que procuro
Não têm nome.
A minha fala de amor
Não tem segredo.

Perguntam-me se quero
A vida ou a morte.
E me perguntam sempre
Coisas duras.

Tive casa e jardim.
E rosas no canteiro.
E nunca perguntei
Ao jardineiro

O porquê do jasmim
— Sua brancura, o cheiro.

Queiram-me assim.
Tenho sorrido apenas.
E o mais certo é sorrir
Quando se tem amor
Dentro do peito.

18

As asas não se concretizam.
Terríveis e pequenas circunstâncias
Transformam claridades, asas, grito,
Em labirinto de exígua ressonância.

Os solilóquios do amor não se eternizam.

E no entanto, refaço minhas asas
Cada dia. E no entanto, invento amor
Como as crianças inventam alegria.

19

Promete-me que ficarás
Até que a madrugada te surpreenda.
Ainda que não seja de abril
Esta noite que descer
Ainda que não haja estrela e esperança
Neste amor que amanhece.

20[*]

Amado e senhor meu: Perguntei a mim mesma
O que te faz aos meus olhos desejado.
E aquele anjo que é o meu, desassombrado,
Andrógino e ausente emudeceu.
Será a luz da tua casa o encantado
Ou tens encanto maior aos olhos meus?
E aquele anjo que é o meu, mudo e alado
Prudente como um anjo adormeceu.
Será a mulher, a que te tem guardado
Em vigia constante como a um deus,
Que faz com que eu te sinta o mais amado?
E sonâmbulo meu anjo respondeu:

— Ai de ti, a de sonhos exaltados.

[*] Na primeira edição de *Roteiro do silêncio* (Anhambi, 1959), a seção "Do amor contente e muito descontente" terminava no poema 19. Este vigésimo foi incluído posteriormente na reunião *Poesia 1959/1967* (Livraria Sal, 1967). (N. E.)

TROVAS DE MUITO AMOR PARA UM AMADO SENHOR

(1960)

Canção, não digas mais; e se teus versos
À pena vêm pequenos,
Não queiram de ti mais, que dirás menos.
LUÍS DE CAMÕES

I

Nave
Ave
Moinho
E tudo mais serei
Para que seja leve
Meu passo
Em vosso
Caminho.

II

Amo e conheço.
Eis por que sou amante
E vos mereço.

De entendimento
Vivo e padeço.

Vossas carências
Sei-as de cor.
E o desvario
Na vossa ausência

Sei-o melhor.

Tendes comigo
Tais dependências
Mas eu convosco
Tantas ardências

Que só me resta
O amar antigo:
Não sei dizer-vos
Amor, amigo

Mas é nos versos
Que mais vos sinto.
E na linguagem
Desta canção

Sei que não minto.

III

Dizem-me:
Por vos querer
Perco-me a mim
E logo
Vos perderei.

Dizem-me coisas
Tão várias
Que desconheço
E tão raras

Que mais pareço
De um mundo
Longe de vós
E de tudo.

Dizeres
De toda gente

A mim bem pouco
Me importa.

Hei de querer-vos
Tão clara
Com tais enlevos

Que se um dia
Vos lembrardes
De mim

Há de ser nos trevos.
É tanta sorte
Senhor
Encontrardes
A um só tempo

Mulher
Vate
Trovador.

IV

Convém amar
O amor e a rosa
E a mim que sou
Moça e formosa
Aos vossos olhos
E poderosa
Porque vos amo
Mais do que a mim.

Convém amar
Ainda que seja
Por um momento:
Brisa leve a
Princípio e seu
Breve momento
Também é jeito
De ser, do tempo.

Porque ai senhor
A vida é pouca:
Um bater de asa
Um só caminho
Da minha à vossa
Casa...

E depois, nada.

V

> *Não sou casado, senhora,*
> *Que ainda que dei a mão*
> *Não casei o coração*
> BERNARDIM RIBEIRO

Seria menos eu
Dizer-vos, senhor meu,
Que às vezes agonizo
Em vos vendo passar
Altaneiro e preciso?

Ai, não seria.

E na mesma calçada
Por onde andais, senhor,
Anda vossa senhora.
E sua cintura alada
Dá-me tanto pesar
E me faz sofrer tanto

Que não vale o chorar
E só por isso eu canto.

Seria menos eu
Dizer-vos, senhor meu,
Por serdes vós casado
(E bem por isso mesmo)
É que sereis amado?

Ai, sim, seria.

VI

Deus Nosso Senhor conceda
Mercês e graças a quem
(Por ser assim delicada)
Pode perder o seu bem.

Cantar meu amor eu canto.
E canto com alegria.
Mas não é um todo fidalgo
E quase uma alegoria

Cantar de vossa senhora
A cintura e a valia?

Mas eu que morro de amores
Tenho tantas estranhezas...
E se não morro de amores
Morro de delicadezas.

E que Deus Nosso Senhor
Me guarde na Sua grandeza.

VII

Fineza minha, senhor,
É o muito vos repetir
Um amor já confessado.
(A princípio sem cuidado
Porque não vos conhecendo
À força de repetir
O que não é acaba sendo.)

Mas hoje vos conhecendo
E tendo sido afligida
Por males próprios do amor,
Não é fineza tão grande
Fazer-vos tal juramento?

Ai, é sim, meu senhor.

Porque se acaso depois
Passado tanto tormento
Eu nunca mais vos lembrasse
Do amor o encantamento,
Fineza é que não seria.

E é pois o que venho tendo.

VIII

A vossa casa rosada
Tem ares de fidalguia.
Se passo por ela, sofro,
Se não passo, noite e dia...

Penso nela.

Na verdade vos persigo.
E na verdade vos tento.
Se a casa não é comigo
Por que tenho o pensamento...

(— Junto dela?)

Lá não vos vejo. Pressinto
O vosso andar, vossa fala.
E sei de vossos afetos
E a boca por isso cala.

Mas canta. Porque é preciso.

IX

A minha voz é nobre
E mansa se vos falo.
Se me fazeis sofrer
Para não vos magoar
É que me calo.

Nada fere melhor
(mais que a voz agastada)
Uma voz de marfim.
E se não sei dizer
Em não sendo assim,
Fere a delicadeza
Mais que a vós, a mim.

E por isso me calo.

X

Amor tão puro
Amor impuro
Nada parece
Ser mais escuro
Que o definir-vos:
Às vezes graça
Tão luminosa
Às vezes pena
Tão perigosa...

E às vezes rosa
Tão matutina
Que a mim não cabe
(Eu, peregrina)
O descobrir-vos.
Antes à tarde
Cansar a pena
No definir-vos.

— Ai, quem padece
De tanto amor
E em alta chama
Sua vida aquece?

— Ai, quem seria?
Sendo por vós
Só poderia
Ser eu, senhor.

XI

Tenho sofrido
Penas menores.
Maiores
Só as de agora:
Amor tão grande
Tão exaltado
Que se não morre
Também não sabe
Viver calado.

Morrer não há de.
Calar não pode.
Sabe morrer
Quem morre
Se não vos vê?
Sabe calar
A que nasceu
Somente
P'ra vos cantar?

Tenho sofrido
Porque de amor
Tenho vivido.
Amor tão grande
Tão exaltado
Que se o perdesse
Nada seria
Mais cobiçado.

XII

Se não vos vejo

Vos sinto por toda parte.
Se me falta o que não vejo
Me sobra tanto desejo,
Que este, o dos olhos, não importa.

(Antes importa saber
Se o que mais vale é sentir
E sentindo não vos ver.)

São coisas do amor, senhor,
Desordenadas, antigas.
E são coisas que se inventam
P'ra se cantar a cantiga.

Não são os olhos que veem
Nem o sentido que sente.
O amor é que vai além
E em tudo vos faz presente.

XIII

Dizeis que tenho vaidades.
E que no vosso entender
Mulheres de pouca idade
Que não se queiram perder

É preciso que não tenham
Tantas e tais veleidades.

Senhor, se a mim me acrescento
Flores e renda, cetins,
Se solto o cabelo ao vento
É bem por vós, não por mim.

Tenho dois olhos contentes
E a boca fresca e rosada.
E a vaidade só consente
Vaidades, se desejada.

E além de vós
Não desejo nada.

XIV

Rica de amores
Tive perdida
Minha tão pobre
Tão triste vida.

Rica de amores
Mas ai! Por dentro
Tão consumida!
Tão triste
Tão assustada
Que eu bem sabia
Não ser aquela
A minha vida
Predestinada.
Tão triste vida
Mas ai, tornada
Leve
Quieta
Cantada...

Amores tive
Amor cantei.
Nenhum logrei
Cantar tão bem.

XV

Deu-me o amor este dom:
O de dizer em poesia.
Poeta e amante é o que sou
E só quem ama é que sabe
Dizer além da verdade
E dar vida à fantasia.

E não dá vida o amor?
E não empresta beleza
Àquele que se quer bem?

Que não vos cause surpresa
O perceber neste amor
Fidelidade e nobreza.

E se eu soubesse que à morte
Meu muito amar conduzia,
Maior nobreza de amante
Afirmar-vos inda assim
Que ele tal e qual seria
Como tem sido até agora:

Amor do começo ao fim.

XVI

Meus olhos
Seguem o barco
E o arco
Dos horizontes
E os mares
E a flor e a fonte
Caminho
E caminha o monte.

Meus olhos
Seguem o barco
Mar alto
No fundo o peixe.
E a vós
Senhor excelente:
Corda prendida ao feixe.

XVII

Moças donzelas
Querem cantar amor
Sem mais aquelas.

Canto eu por elas.

Se forem belas
Ficam melhor à tarde
Ai, nas janelas.

Fico eu por elas.

E se as cancelas
Das casas onde vivem
Ai, cuidam delas

Saio eu por elas.

E em sendo belas
Pretendam conseguir
Grinalda e perlas

Velo eu por elas.

Mas ai daquela
Que em vós deitar o olhar...
Solteira e bela

Ai, pobre dela.

XVIII

Que seja nossa um dia
A casa que eu, senhor,
Imaginei
Para viver convosco
Em alegria.

Que tenha uma varanda
E uma roseira
E por perto
Uma fonte esquecida
Na clareira.

Que à noite se adivinhe
A graça de um ruído.
Porquanto o que se vê
Tolhe a imaginação
E perturba o sentido.

Que haja luz nas manhãs
E rosa nos ocasos.
E alguns versos de amor
De uma mulher tranquila

E ao vosso lado.

XIX

Se amor é merecimento
Tenho servido a Deus
Mui a contento.

Se é vosso meu pensamento
Em verdade vos dei
Consentimento.

E se mereci tal vida
Plena de amor e serena
Foi muito bem merecida.

E em me sabendo querida
Dos anjos e do meu Deus
Na morte pressinto a vida.

E o que se diz sofrimento
No meu sentir é agora
Contentamento.

E se amor morre com o tempo
Amor não é o que sinto
Neste momento.

XX

Guardai com humildade
Estas trovas de amor.
E se um dia eu morrer
Antes de vós
Como sói muita vez
Acontecer

Lembrai-vos: O que dei
Foi um amor tão puro
Atormentado mas

Tão claro e limpo
E sentireis, senhor,
Tudo o que sinto.

ODE
FRAGMENTÁRIA

(1961)

HEROICAS

Lady of silences
Calm and distressed
Torn and most whole
*Rose of memory.**

T.S. ELIOT

---

* "Senhora dos silêncios/ Serena e aflita/ Lacerada e indivisa/
Rosa da memória". Tradução de Ivan Junqueira. *Poesia* (Rio de Janeiro:
Nova Fronteira, 1981). (N. E.)

●

Se há muito o que inventar por estes lados
O que sei com certeza são meus fados
Exigindo verdades e punindo
Os líricos enganos da beleza.

À procura da rosa tenho andado
Causando às criaturas estranheza.
(Se me encontrares
Terei um jeito de flor
E um não sei quê de brisa
Nos meus ares.
Hei de buscar a rosa
— A dos altares —
E sinto graça nos pés
Leveza nos andares).

Não temes
As deidades atentas da memória
Os gnomos secretos, a loucura,
A morte?

●

Morremos sempre.
O que nos mata
São as coisas nascendo:
Hastes e raízes inventadas
E sem querer e por tudo se estendendo
Rondando a minha

Subindo vossa escada.
Presenças penetrando
Na sacada.

Invasões urdindo
Tramas lentas.

Insetos invisíveis
Nas muradas.

Eis o meu quarto agora:
Cinza e lava.
Eis-me nos quatro cantos
(Morte inglória)
Morrendo pelos olhos da memória.
Aproximam-se.
E libertos da presença da carne
Se entreolham.

O teu nascer constante
Traz castigo.
Os teus ressuscitares
Serão prantos.

●

Distorço-me na massa
De uma argila sem cor.
Mil vezes me refaço
E me recrio em dor.

E pouso lentamente

Sob a testa fria
Os girassóis da mente.

Antes as órbitas vazias!
Será eterno o júbilo de ter
Espátulas e nume
Nas mãos e no ser?

Bastasse o confessar-me e assim punir-me
De toda intemperança dos humanos.
Bastasse o que não sou e o refluir-me
Longínqua na maré desordenada.

●

Sendo quem sou, em nada me pareço.
Desloco-me no mundo, ando a passos
E tenho gestos e olhos convenientes.
Sendo quem sou
Não seria melhor ser diferente
E ter olhos a mais, visíveis, úmidos
Ser um pouco de anjo e de duende?
Cansam-me estas coisas que vos digo.
As paisagens em ti se multiplicam
E o sonho nasce e tece ardis tamanhos.
Cansam-me as esperanças renovadas
E o verso no meu peito repetido.
Cansa-me ser assim quem sou agora:
Planície, monte, treva, transparência.
Cansa-me o amor porque é centelha
E exige posse e pranto, sal e adeus.

Queres o verso ainda? Assim seja.
Mas viverás tua vida nesses breus.

●

Um todo me angustia.

Se era de amor a ilha
E o mar à minha volta,
Não será menos certo
Que a sextilha de agora
Das formas que pensei
É a mais remota.
Temos jeitos de ser.
(Às vezes obscuros
Como convém ao ser)
Se em nada me detenho
Água de muitos rios
Passando por canais
De grande amor e mágoa,
Em tudo me detenho
E sei que sou raiz.

E se às vezes abrigo
Num caminhar rasteiro
As solidões alheias,
Às vezes vertical
Encontro aquele mundo
Que é também o da terra
Feérico e abismal.

Tão grande ambivalência
Concedida aos homens

Terá sido dos deuses
Complacência?

●

Se falo
É por aqueles mortos
Que dia a dia
Em mim se ressuscitam.
De medos e resguardos
É a alma que nos guia
A carne aflita.
E de espanto
É o que tecemos:
Teias de espanto
Ao redor
Da casa
Onde vivemos.
Trituramos cada dia
(Agonizantes amenos)
Constelações e poesia
E um certo jeito de amar
Que a nós,
De voos e vertigens,
Não convém.
E quem sabe o que convém
A seres tão exauridos?
Concedemos
Alento, nudez, lirismo.
E contudo o que mais somos
São estes sonhos
Adentros indevassáveis

Bosques
Lilazes
Caminhos levando ao mar
Aves
Aves.

•

Ramas nas margens do rio que me pretendo.
E entre rio e regato, prodigiosa e leve
Levo no meu leito mais auroras.

Contente de mim mesma me inauguro sonora.

Se é preciso parar, colher raízes
Rememorar as sagas e ao lembrá-las
Imaginar um gesto, vado e vaga,
É preciso também
Um riso aberto e claro e cristalino.
E retomando o caminho da rosa
De órbita ilimitada mas fremosa
Me vejo em penitência, brasa e espinho.

Ah, deidades,
O vosso riso inflama
Ainda mais
O passo de quem ama.
De coração ardente
Eis-nos aqui.
Não haverá magia
Nem vertente
Nem secreto conluio

Nem labareda clara
Ostentando uma rosa
Que não a preclara,
Que cegue o entendimento
Ou que vacile o andar.
Somos a um mesmo tempo
Rio e mar.
Na laringe e no peito
Renasce cada dia
Um estigma de luz
Um signo perfeito
E nada nos escurece a mente ou nos seduz.

Vós, humanos,
De gesto tantas vezes suplicante.
De coração ardente, dizeis?
A nós parece exangue
Esse pulsar contínuo
E tarefa insensata
Porque nós, divinos,
Temos no peito a força
O altar
A lança
E um todo movediço nos contém.
E se o arder renova
A sarça e a esperança,
Um secreto poder
Consome a própria chama.
Vós, humanos,
De invólucro oscilante
E impermanente
Mortais e fustigados
Pretendeis o mais alto?
Amargados destinos.
Buscar a rosa

Cabe a nós, divinos.
Em nós a claridade
Em nós tamanho amor
E sol e santidade...

E suas gargantas de aço
Inundaram de lava
Aquilo que era espaço.

•

Era ali? Era adiante aquele muro
De claro verde musgo? Era distante?

Os mortos ressurgiram e cantaram:
Se a perfeição é a morte
Talvez porisso imortais
Há muito que existimos.
Mas se algum dentre vós
É de sopro divino,
Encantai-nos:
Árvore, pedra, ar, se vos apraz.
Vida perpétua mas paciente e quieta.
Se o que vos guia é a fala de um poeta
Há muitos entre nós. E procuraram
O todo uniforme: Hálito, sudário
E o mais além do homem.
Iguais a vós, a nós nos encontraram.
Eram velozes e límpidos. Asas
Nos pés humanos e por isso frágeis.

E apesar da eloquência que os mantinha
Quando a noite chegava se crispavam

Como a mulher fecunda que é sozinha
E sabe do seu tempo incerto e pouco.

Como os humanos temem suas trevas!
Como temeis em vós a criatura!
E mal sabeis que é sempre na clausura
Que a vida se aproxima e recomeça.
Humildade e abandono. E que a palavra
Se tentar existir, seja singela.
E se for sábia, estranha à vossa lavra
Orai àqueles que a fizeram bela.

•

Ai de nós, peregrinos,
Antes do amanhecer
Sonhando eternidades!
Não é nosso o destino
De amar e florescer.
Antes vertiginosos
Tateamos na sombra
A lage dos abismos.
E uma vez lacerados
Queremos a montanha.
Seu arco-íris. Seus lagos.

Amor e amenidade
São reservados aos filhos,
Aos amantes. A nós
Que verdes e que prados
E que planície extensa
Nos tranquiliza o olhar?

Se fôssemos aqueles
Feitos de areia, tantos,
Onde a água resvala
E volta e serpenteia
Mas deixa um só vestígio:
De umidade ou de pranto.

Ai de nós, mutilantes,
De afetos imprecisos,
De repente tomados
À lua das vazantes
Num relance possessos
Possuídos
Inflamando o sentir
Recomeçando aquele, o mesmo canto.

Estuários frequentes
Desviam nossas velas.
E de que lado, onde
Uma visão mais bela
Se o único prazer
É ter o mar, o vento
E naufrágios além
E descobertas
E permanências veladas...
Muita ausência...
Em que montanha azul a nossa meta?

●

Se havia em nossa voz uma cadência,
Crescia em nosso peito uma brandura

Tão poderosa e viva e assim tão pura
Como se fosse a vida, a nossa vida,
Um caminhar tranquilo de inocência.
Um pouco do divino estava em nós.
Descobri-lo foi antes debruçar-se
Descer pausada sem tocar rochedos
Água de um mar imenso mas guardado
Sob um caudal de lírios e de medos.
Era do alto a força que nos vinha.
E à memória do tempo incorporou-se
Outra memória lúcida e candente.
Éramos nós ainda sibilantes
Soprando a cinza secular da mente?
Dou testemunho apenas da certeza
De uma visão suprema, luz e prata
De dimensão tão vasta e tão serena
Que o poeta apesar de ter vivido
Seus cânticos de amor
E de saber-se até predestinado
Porque sentiu temores, alegrias,
Guardou-se amante, iluminou-se crente
Cobriu-se de ternuras e de lendas

Não conheceu prazer ilimitado
Que suportasse o humano e suas penas.

●

Rosa consumada
Trajetória perfeita
Exatidão mais alta!

Pesa sobre nós
O limite da carne

O pensamento
Discursivo e lento.

Em nós
Corpóreos e pequenos
A fúria da vontade
E as mil abstrações

No amor e na verdade.

Nem sabemos por que
Construímos e amamos.

Mutáveis, imperfeitos
O mundo nos oprime

E nos comprime o peito.

●

Dúplices e atentos
Lançamos nossos barcos

No caminho dos ventos.

E nas coisas efêmeras
Nos detemos.

QUASE BUCÓLICAS

De amor o meu poema
E suas densidades mais terrenas.

*Glaubt nicht, Schicksal sei mehr, als das Dichte der Kindheit**
R.M. RILKE

* "Não, não acrediteis que o Destino, seja mais do que a infância
e do que ela contém." Tradução de Dora Ferreira da Silva. *Elegias de Duíno*
(6ª ed., São Paulo: Globo, 2013). (N. E.)

●

Entre cavalos e verdes pensei meu canto.
Entre paredes, murais, lamentos, ais
(Um cenário acanhado para o canto
E triste
Se o que dele se espera é até demais)
Pretendi cantar mais alto que entre os verdes
E encantar
O meu sentir cansado
Naquele melhor sentir de quando era menina.

Vontade de voltar às minhas fontes primeiras.
De colocar meus mitos outra vez
Nos lugares antigos e sorrir
Como a ti te sorri, minha mãe, a vez primeira.
Vontade de esquecer o que aprendi:
Os castelos lendários são paisagens
Onde os homens se aquecem. Sós. Sumários

Porque da condição do homem é o despojar-se.

●

Era um vale.
De um lado
Seu verde, suas brancuras.
Do outro
Seus espaços de cor
Trigais e polpas
Azuladas de sol
Ensombradas de azul.

Era um vale.
Deveria
Ter pastores
E água

E à tarde umas canções,
Alguns louvores.

•

O cavalo no vale.
E mais além
O meu olhar mais verde do que o vale
E claro de esperança
E querer bem.

O vento no capim.
O vermelho cansado deste outono.
Os roseirais em mim.
E tudo me parece
Tão tranquilo e leve.

E com muito cuidado
Como quem tem na mão a flor e o quadro

Espero que a paisagem desta tarde

Adormeça
O cavalo no vale
O vento no capim
Os roseirais em mim.

●

Amáveis
Mas indomáveis
O poeta e seu cavalo.
Um arcabouço pensado
Para limitar-se ao pouso
E do voo, alimentar-se.
Sente os espaços mas sabe
Até onde irá seu passo.
Sente a beleza do salto
Mas conhece sua lhaneza:
A própria, inerte beleza
De saber-se aprisionado
E contentar-se de sonhos
Maravilhar-se de achados.

O poeta — e seu vocábulo.
O cavalo — e seu pedaço de terra
Mais nas alturas

De brisa,

De solidão e hortaliça.

Entrelaçadas aspiram
Respiram juntos

E vistos em direção
Às cordilheiras do espanto
Quase sempre se confundem.
Sonhando reter no flanco
Exaltação e delírio,
Nas noites de grande lua

(Entre ciprestes e lírios)
O cavalo me acompanha
Às profundezas guardadas
Onde flutuam palavras.
E lá mergulho e anoiteço.
E encontro coisas do medo
Mandalas de cor, rosáceas
E malmequeres antigos
Sobre algum livro encantado
De pergaminho e de prata
E de pensamentos idos.

●

Clarividente que sou
Nem é preciso um poente
Rico de prismas e cores.
Nem cordeiros azulados
Nem inéditos langores
Nem begônias no meu prado.

Canto o que vejo mas antes
Canto o que a alma deseja.

●

Noviça.
Aprendiz dos meus verdes e amada.
Monja pretendida, ensimesmada

Amorosa e passiva mas fatal
Porque sem vigilância e arremedo
Há de falar-vos coisas de outro val.
Não lhe peçam palavras escolhidas
Nem surpreendentes mitos, outros sóis.
(Há sempre uma medusa em algum lago
Nem sempre nossos verdes, girassóis).

Havia na paisagem átrios, pontes
Uma igreja constante equilibrava
O nosso mundo oscilante
Dorsos, montes
Papoulas irisadas
Invisíveis larvas
Bonanças
Vendavais

Tribulações e medo padeceu.
(Morrer ali! Que dádiva seria!)
Noviça fez-se monja.
E assim como surgiu
No meu vale encantado se perdeu.

•

Queria uma cruz
Um escudo
Um cilício.
(Perdoar vossos ódios
Nossos vícios).
Um rosário de estrelas
Um lustre
Uma capela.

Nem lícito seria que vivesse
Quem assim pedia.

●

Eu caminhava alegre entre os pastores
E tatuada de infância repetia
Que é melhor em verdade ter amores
E rima transitória para o verso.
Para cantar mais alto é até preciso
Desdobrar-se em afetos e amar
Seja o que for, luares e desertos
E cantigas de roda e ditirambos.

Entre o amarelo e o rosa, a lua nova,
Na vida também nova, ressurgia.

●

A noite não consente a veleidade
De retomar na memória e no tempo
O tempo em que eu, senhora de vaidades,
Dissipava no verso o meu lamento.

Tempo não é, senhora, de inocências.
Nem de ternuras vãs, nem de cantigas.
Antes de desamor, de impermanência.

Tempo não é, senhora, de alvoradas.

Nem de coisas afins, toques, clarins.
Antes, da baioneta nas muradas.

Tempo não é, senhora, de pastores.
Nem de roseiras, madrigais, violas.
Nem é tempo, vos digo, de ter pássaros
Azuis em vossas doiradas gaiolas.

(Não houvesse paredes, língua e som,
Apartando de nós, coisas antigas.
A palavra na boca, o falar neste tom
Dá-me tanta saudade da cantiga:
Persegues
Te persigo
Vais e vens
E nas idas e voltas te bendigo.)

•

Ainda em desamor, tempo de amor será.
Seu tempo e contratempo.
Nascendo espesso como um arvoredo
E como tudo que nasce, morrendo

À medida que o tempo nos desgasta.

Amor, o que renasce.
Voltando sempre. Docilmente sábio
Porque na suavidade nos convence
A perdoar e esperar. Em vida. In pace.

Sutil e fratricida. Sem estima

Pelo que ama. Tristemente irmão
Antes de começar sua jornada
Antes de repetir sua canção.

Amor, o desejado.
Filho varão à espera de um condado.
E cobiçando agora essa minha terra
Tornou-me submissa e receosa
De assim com duas vozes mais cansá-lo
Que encantá-lo

E não será em vão o meu receio
Se da dúvida sempre te alimentas?
Se um elogio da mentira às vezes
Te refaz?

Porisso é que prossigo atenta
Aos teus caprichos como aquela
Que ao amante se desvenda
Aos poucos, cautelosa e lenta.

●

O pássaro desenha
No seu voo estrangeiro
(Porque nada sabemos
De pássaros e voos
E do impulso alheio)
Um círculo de luz.
E retoma depois
Numa azul claridade
Seus píncaros azuis.

TESTAMENTO LÍRICO

•

Se quiserem saber se pedi muito
Ou se nada pedi, nesta minha vida,
Saiba, senhor, que sempre me perdi

Na criança que fui, tão confundida.

À noite ouvia vozes e regressos.
A noite me falava sempre sempre
Do possível de fábulas. De fadas.

O mundo na varanda. Céu aberto.
Castanheiras doiradas. Meu espanto
Diante das muitas falas, das risadas.

Eu era uma criança delirante.

Nem soube defender-me das palavras.
Nem soube dizer das aflições, da mágoa
De não saber dizer coisas amantes.

O que vivia em mim, sempre calava.

E não sou mais que a infância. Nem pretendo
Ser outra, comedida. Ah, se soubésseis!
Ter escolhido um mundo, este em que vivo

Ter rituais e gestos e lembranças.
Viver secretamente. Em sigilo
Permanecer aquela, esquiva e dócil

Querer deixar um testamento lírico

E escutar (apesar) entre as paredes
Um ruído inquietante de sorrisos
Uma boca de plumas, murmurante.

Nem sempre há de falar-vos um poeta.
E ainda que minha voz não seja ouvida
Um dentre vós resguardará (por certo)

A criança que foi. Tão confundida.

SETE CANTOS DO POETA PARA O ANJO

(1962)

Nunca fui senão uma coisa híbrida
Metade céu, metade terra,
Com a luz de Mira-Celi dentro das duas órbitas.
JORGE DE LIMA

CANTO PRIMEIRO

Se algum irmão de sangue (de poesia)
Mago de duplas cores no seu manto
Testemunhou seu anjo em muitos cantos
Eu, de alma tão sofrida de inocências
O meu não cantaria?

E antes deste amor
Que passeio entre sombras!
Tantas luas ausentes
E veladas fontes.
Que asperezas de tato descobri
Nas coisas de contexto delicado.
Andei

Em direção oposta aos grandes ventos.
Nos pássaros mais altos, meu olhar
De novo incandescia. Ah, fui sempre
A das visões tardias!
Desde sempre caminho entre dois mundos

Mas a tua face é aquela onde me via
Onde me sei agora desdobrada.

CANTO SEGUNDO

Se te anuncio lágrimas e haveres
É para te encantares do meu canto.
Um tempo me guardei
Tempo de dor aquele
Onde o amor foi mar de muitas águas.

Se te anuncio ainda
É porque sempre em pedra fui talhada.
Em sal me consumi. E perecível
Tem sido a minha forma:
Estes dedos lunares, estas mãos
E tudo o que não foi tocado em ti.

Me queres em renúncia, em humildade
Ou íntegra e sozinha nestes cantos?
Tive ressurreição e anteprantos
E alegrias inteiras.
E muitas madrugadas
A sós me confessei
Àquela irmã soturna e mais amada.

Vi quase tudo. E quase tudo andei.

CANTO TERCEIRO

E largamente amei as criaturas.
Os ouvidos se abriam. Ramas frágeis
Meus ouvidos, aceitando ternuras.

Uns regressos de vida me contavam:
Pactos, adolescências, heroísmos.
(Tessitura franzina
Se estendendo sobre a pele mais fina)

Acaso não fui cúmplice dos meus?
Desses vindos da noite e turbados
Com seus próprios destinos?

Que terrível engano antes de ti!
E vigílias inúteis e pobrezas
E punições maiores, tais cilícios
Na carne! Tramas, tramas...

Que era feito de ti? Em mim, não eras.

CANTO QUARTO*

E por que me escolheste?
Em direções menores me plasmei.
Entre uma pausa e outra fui cantando
Umas reminiscências, uns afetos
E carregava atônita meu gesto
Porque dizia coisas que nem sei.

Ouvi continuamente muitas vozes.
Umas de fogo e água, tão intensas
Outras crepusculares

E entendia
Que era preciso falar de uma ciência
Uma estranha alquimia:

O homem é só. Mas constelar na essência.
Seu sangue em ouro se transmuta.
Na pedra ressuscita.

---

* Na primeira edição de *Sete cantos do poeta para o anjo* (Massao Ohno, 1962),
o terceiro verso do "Canto quarto" era: "Entre uma voz e outra fui cantando".
A partir da compilação *Poesia 1959/1967* (Livraria Sal, 1967), "voz" é substituída
por "pausa" e assim permanece nas publicações futuras. (N. E.)

No mercúrio se eleva.
E sua verdade é póstuma e secreta.

Ah, vaidade e penumbra no meu canto!
Meu dizer é de bronze
E essa teia de prata
A mim mesma me espanta.

CANTO QUINTO

Eu nem soube falar do amor nos homens.
(Amor feito de júbilo aparente)
Nem soube replantar no que era terra
Uma mesma semente.
Tive no peito o mantra mais secreto
E não pude vibrá-lo, alento, lira
Corda divina no seu veio certo.

Elaborei em vão todos meus sonhos.
E súbito me tomas e me ordenas
A solidão mais funda:
Estes cantos agora, alguns poemas
Um amor tão perfeito e indizível
Porque não é tumulto nem tormento
(E se o homem na carne foi punido
O verbo diz melhor do sofrimento.)

Que nome te darei se em mim te fazes?
Se o teu batismo é o meu e eu só te soube
Quando soube de mim?

CANTO SEXTO

A noite em verso torpe me atingia.
As coisas insofridas
Sofridas se faziam
Se eu repousasse a mão sobre suas vidas.

Umas tardes meus olhos repensaram
Uma alvura de águas pretendida.
Tão leve caminhei sobre essas águas
Que a memória foi quase imerecida.

Onde estavas então? Nem me sonhavas.

Deitei-me sobre um tempo que viria
E um ciclo de visões me revelava
Que no ódio dos deuses fui lembrada

Em alto voo de ave, a esquecida.

E porque paz e voo me faltavam
Eu desejei perder-me mais e tanto
Quanto fossem as perdas destinadas
Àqueles incapazes de algum pranto.

Perenidade e vida: Onde estavas?

CANTO SÉTIMO

Te ocultaste. Eu morria.
Tinha na fronte a chaga

E o dorso calcinado, em agonia.

Na treva de mim mesma delirava
E as pálpebras em brasa
Não sabiam da tua claridade

Porque minha alma toda se perdia
E uma vida terrena começava
Seu círculo de cinza
Sua casa.

Anjo, asa,
Mão poderosa sobre a minha mão
Que o verso nunca mais transfigurava.
Prisma solarizado
Transcendência primeira
Dulcíssima presença:

Alta noite

O que foi treva em mim

Em ti resplandecia.

TRAJETÓRIA POÉTICA DO SER

(I)

(1963-1966)

À memória de Níkos Kazantzákis
que me fortaleceu em amor

Em ti, terra, descansei a boca, a mesma que aos outros deu de si o sopro da palavra e seu poder de amar e destruir.

PASSEIO

1

Não haverá um equívoco em tudo isto?
O que será em verdade transparência
Se a matéria que vê, é opacidade?
Nesta manhã sou e não sou minha paisagem.
Terra e claridade se confundem
E o que me vê
Não sabe de si mesmo a sua imagem.

E me sabendo quilha castigada de partidas
Não quis meu canto em leveza e brando
Mas para o vosso ouvido o verso breve
Persistirá cantando.
Leve, é o que diz a boca diminuta e douta.

Serão leves as límpidas paredes
Onde descansareis vosso caminho?
Terra, tua leveza em minha mão.
Um aroma te suspende e vens a mim
Numas manhãs à procura de águas.
E ainda revestida de vaidades, te sei.
Eu mesma, sendo argila escolhida,
Revesti de sombra a minha verdade.

2

Lenta será minha voz e sua longa canção.
Lentamente se adensam estas águas
Porque um todo de terra em mim se alarga.

E de constância e singeleza tanta,
Meus mortos hoje sobre um chão de linho
Por algum tempo guardarão meu ritmo
Nos ouvidos de terra. De granito.

Pude aclarar a sombra nos oiteiros
E aquecer num sopro o vento da tarde.
Mas não vereis ainda meus prodígios
Porque haverá lideiras neste outono
E vossos olhos estarão por lá
Desocupados do sono, extremados
Para uma só visão num só caminho.

3

Quisera descansar as mãos
Como se houvesse outro destino em mim.
E castigar as falas, alimárias
Vindas de um outro mundo que não sei.
Fazê-las repetir suas longas árias
Até que a morte silencie as mandíbulas
Claras.

4

Caminho. E a verdade
É que vejo alguns portais
E entre as grades uns pássaros a leste.
Não sabem de seus passos os meus pés
Nem de mim mesma sei

Mas tantas timidezes se esvaíram
E este meu corpo agora não as tem.

E atravessando os mármores e muros
Como se fossem mais muros de vento,
Passeio nos jazigos
E um cordeiro de pedra eu apascento.

5

Também nos claros, na manhã mais plena,
A retina ferida nesse voo que passa além do verde,
É sempre a morte o sopro de um poema.
Entre uma pausa e outra ela ressurge
Ilharga de sol. Ah, diante do efêmero
Hei de cantar mais alto, sem o freio
De uns cantares longínquos, assustados.

6

As aves eram brancas e corriam na brancura das lajes.
As aves eram tantas e sabiam do seu corpo de ave.

Esguias e vorazes consumiam
Os corpos que eram aves menos ágeis.
E as garras assombradas dividiam
As espessuras ínfimas da carne.

Na plumagem umas gotas de sangue
Dos corpos devorados se entrevia.
Mas da vida e do sangue não sabiam
As aves que eram tantas sobre as lajes.

O ritual sincopado das gargantas
Tinha o ruído oco de umas águas
Deitadas bem de leve em algum cântaro.
Todo o espaço se enchia desse canto
E atraía umas aves, outras tantas.

A face do meu Deus iluminou-se.
E sendo Um só, é múltiplo Seu rosto.
É uno em seus opostos, água e fogo
Têm a mesma matéria noutro rosto.
Alegrou-Se meu Deus.
Dessa morte que é vida, Se contenta.

7

O Deus de que vos falo
Não é um Deus de afagos.
É mudo. Está só. E sabe
Da grandeza do homem
(Da vileza também)
E no tempo contempla
O ser que assim se fez.

É difícil ser Deus.
As coisas O comovem.
Mas não da comoção
Que vos é familiar:

Essa que vos inunda os olhos
Quando o canto da infância
Se refaz.

A comoção divina
Não tem nome.
O nascimento, a morte
O martírio do herói
Vossas crianças claras
Sob a laje,
Vossas mães
No vazio das horas.

E podereis amá-Lo
Se eu vos disser serena
Sem cuidados,
Que a comoção divina
Contemplando se faz?

8

Vereis um outro tempo estranho ao vosso.
Tempo presente mas sempre um tempo só,
Onipresente.

A dimensão das ilhas eu não sei.
Será como pensardes ou como é
Vossa própria e secreta dimensão.
Às vezes pareciam infinitas
De larguras extremas e tão longas
Que o olhar desistia do horizonte
E sondava: ervas, água

Minúcias onde o tato se alegrava
Insetos, transparências delicadas
Tentando o voo quase sempre incerto.

O peito era maior que o céu aberto.
Parávamos. E sabeis
Que o que contenta mais o peito inquieto
É olhar ao redor como quem vê
E silenciar também como quem ama.

Éramos muitos? Ah, sim.
Eram muitos em mim.
O perigo maior de conviver era o perigo de todos.
Nosso Deus era um Todo inalterável, mudo
E mesmo assim mantido. Nosso pranto
Continuadamente sem ouvido
Porque não é missão da divindade
Testemunhar o pranto e o regozijo.

O que esperais de um Deus?
Ele espera dos homens que O mantenham vivo.

E os verdes, os azuis, o chumbo delicado
De umas tardes, a pureza das aves
Os peixes de verniz
Na abertura mais funda de umas águas.

9

Em silêncio plantávamos nas ilhas
Se a noite era de lua prolongada.
Plantava-se na terra mais sagrada

Junto às colinas
Porque era ali que os mortos repousavam.
Ah, desamor, nosso tempo perdido
Nossa morte.

Não levávamos rosas como vós
Nem falávamos como falais
Imprudentes, o passo descuidado
E muita vez contente
De caminhar tão vivo na manhã
Sobre o chão dos ausentes.

O corpo se fechava
À entrada dos portais.
A mão direita resguardava o plexo
E só para plantar
Se abria em novo gesto.

10

Com esse caminhar que em sonho se percebe
Ou como um corpo pesado sob as águas
Movimento pausado, movimento leve
Ave maior em voo compassado

Os cavalos da ilha se moviam
Nos grandes areais ensolarados.

O que era corpo em mim, só descansava.
O que não era
Vencia aquele espaço que nos separava.

11

Cavalo, halo de memória, guardo-te no peito
Sobre esta grande artéria
Fonte de vida e alento que sustenta
Amor de madurez e adolescência.

Cantando-te sou teu corpo e tua nudez.
E ombro a ombro seguimos a alameda
Casco de dor num caminho de sol
E labareda, indivisível água
Obrigando-me a ver o que tu vês.

12

Brando, o tempo escorria nos vitrais.
Brando meu passo, nos azulejos claros
Do terraço. O pássaro.

Ah, tempo de fúria sem tempo para contemplar!
Tantas vezes na tarde caminhei nos terraços
Nos pátios
E havia sempre uma limpeza rara nas muradas, na terra.

13

As faces encostadas nos vitrais
E através, as figuras e o jardim.

E era tanta a vontade de ver mais
Que uma névoa descia sobre mim.

E o que eu queria ver, via jamais.
O cheiro quase rubro dos jasmins
Redobrava meu pranto de seus ais
Nessa tarde de luz nos seus confins.

Voltou-se o amigo e olhou minha tristeza.
Eu só te vejo a ti. Antes não visse.
Imaginaste a tarde. Ela não existe.

Mas seu rosto era pleno de beleza
E por isso deixei que me mentisse
Antes que só por mim ficasse triste.

14

E através dos vitrais as faces duras
Contemplavam a tarde no jardim.
O movimento leve das figuras
Caía sobre a tarde e sobre mim.

E no passeio as leves criaturas
Aspiravam o cheiro do jasmim.
Vistas de longe pareciam puras
Na claridade de uma tarde assim.

Mas o amigo voltou-se e viu meu pranto.
"É sempre a mesma noite na tua face.
Enquanto choras há lá fora um canto

Que de chorares tanto não o sabes.
Bem sei que a noite é imóvel na tua face
E não te peço alegria. Mas tu ardes."

15

De delicadezas me construo. Trabalho umas rendas
Uma casa de seda para uns olhos duros.
Pudesse livrar-me da maior espiral
Que me circunda e onde sem querer me reconstruo!
Livrar-me de todo olhar que, quando espreita, sofre
O grande desconforto de ver além dos outros.
Tenho tido esse olhar. E uma treva de dor
Perpetuamente.
Do êxodo dos pássaros, do mais triste dos cães,
De uns rios pequenos morrendo sobre um leito exausto.
Livrar-me de mim mesma. E que para mim construam
Aquelas delicadezas, umas rendas, uma casa de seda
Para meus olhos duros.

16

E a que se fez criança, tece a rosa.
E criança também, uma mulher
Contida de silêncio e de memória,
Espera o plenilúnio e elabora
Uma saga de sol.

17

Se possível se fizer o merecê-las
Peço-te dálias, senhor, altas e austeras
Como convém a mim vivendo em estupor.
Dirás que me concedes a cássia ferrugínea
Araucária excelsa, mais sombra e mais altura
Como convém a mim, vivendo nas planuras,

Mas peço-te dálias. De frêmito contínuo
Calcinadas de vento, como convém a mim
Aturdida de amor e pensamento.
Verás. É dádiva melhor. E se possível
Uma de rubro cerne. De parca simetria.
Vendo-a, verei a mim mesma a cada dia.

18

A descansada precisão da folha.
O que o olhar adivinha
Sob a sua mínima extensão.
E a gravidade da flor
Irrompendo de suas claras paredes.
Em tudo o estigma de amor de uma só mão.
Em mim, de um lado, uma garra de fogo
Gigantesca, pronta para ferir
E de um gesto agudo incendiar-vos,
E do outro lado a minha outra mão
Amena. Larga.

19

Um claro-escuro de sol nos meus cantares
Porque tem sido assim a alma do homem.
Enfeitamos as coisas aparentes
Dando ternura e nome. Em aflição
Deitamos a semente
E ficamos à espera de um verão.
Em fogo se refaz o amor de sempre.

A palavra não basta para o canto.
Nem é o canto de amor essa constante
Aragem de umas praias que escolheis.
Nas ilhas um mormaço, conjeturas,
Vizinhança de chuva, mortos, vivos
Rememorando a tarde em viuvez.

20

De um exílio passado entre a montanha e a ilha
Vendo o não ser da rocha e a extensão da praia.
De um esperar contínuo de navios e quilhas
Revendo a morte e o nascimento de umas vagas.
De assim tocar as coisas, minuciosa e lenta
E nem mesmo na dor chegar a compreendê-las.
De saber o cavalo na montanha. E reclusa
Traduzir a dimensão aérea do seu flanco.
De amar como quem morre o que se fez poeta
E entender tão pouco seu corpo sob a pedra.
E de ter visto um dia uma criança velha
Cantando uma canção, desesperando,
É que não sei de mim. Corpo de terra.

21

Naquela casa azul e avarandada
As mulheres fiavam como irmãs.
Se eram de um mesmo pai as maduradas,
A que foi mãe, amou. Memórias vãs.

De todas em amor o pai cuidava
Repartindo suas terras e suas lãs.
E a que pariu em dor, a mais amada
Vigia sob a terra as tecelãs.

Se ao longo do meu rio, nos arrozais,
Avistardes a casa e as mulheres
(Dedos de azul em luz sobre o tear)

Que o passo seja breve. E muito mais
É dizer-vos que tecem malmequeres
E em vão se aquecem sob o vosso olhar.

22

Se a chuva continua, se nos ares
Apodrece a romã e o mamoeiro
Deita-te leve sobre os teus linhares
E na mulher semeia o teu herdeiro.
Há de voltar o sol nos teus pomares
E assim terás a um tempo o sol e o filho.
Deita-te. Nosso tempo de amar tem seus findares
E os frutos antecedem teu idílio.

MEMÓRIA

Quando a memória transformada em ave
Pousar sobre o meu peito a sua leveza.

1

E o tempo tomou forma. Assim me soube
Envolta em grande mar até a cintura.
E nada a não ser água e seu rumor
Aos ouvidos chegava. E soube ainda
Que um só gesto e sopro acrescentava
Essa vastíssima matéria. E atenta
Em consideração a mim, cobri-me de recuos.
Eu, que de docilidades me fizera.

Antes avara desse tempo que resta.
Se em muitos me perdi, uma que sou
É argamassa e pedra. Guardo-te a ti.
Em consideração a mim. Redescoberta.

2

Há certos rios que é preciso rever.
Por isso volto, Ricardo, àquelas margens
Onde na sombra um verde descansava
E um canteiro de limo sob os nossos pés
Adiante desaguava. Volto, seguindo a viagem
De mim mesma e aos poucos convergindo
Oculta, vária,
Até fechar um círculo e entender
Essa asa de fogo sobre as coisas.
Talvez neste canto eu te direi
Das estreitas passagens, do lodo
Convulsivo dos ancoradouros, dos funerais
Que vi, para chegar à luz da primeira paisagem.

Meus olhos deram volta à ilha.
Sigo pelos caminhos, transfiguro-me
Sei que um igual destino eu já cumpri
E ao mesmo tempo em tudo me descubro
Casta e incorpórea. Sou tantas,
Tantos vivem em mim e pródiga descerro-me
Pródiga me faço larva e asa.

3

Olhai o que mais vos convém.
Em tudo, o todo que sois feito
Se mantém. Pórticos, escadas
Ave sob um teto de chumbo,
O que estiver à tona, o mais fundo,
Ventre, ombro.

O caminho de dentro
É um grande espaço-tempo.
Olhai seu primeiro degrau, extenso
Terraço de mar e ainda terra.
Aqui, vosso corpo de amor se configura.

4

Mensageiro das ilhas,
Teus pés de pássaro, a mim é que procuram se caminhas.
Teu manto é largo e tranquilo. De asa teu sapato breve.
A mão direita é aberta sobre o peito leve e o teu passo

Àquele grande e pausado passo de ave se parece.
Ah, que dor de ter assim um todo na memória!
Que dor na fluidez do tempo e a mesma hora se fazendo
[sempre.

5

Áspero é o teu dia. E o meu também.
Inauguro ares e ilhas
Para que o teu corpo se conheça
Sobre mim, mas é áspera
Minha boca móvel de poesia,
Áspera minha noite

Porque nem sei se o canto há de chegar
No escuro labirinto em que te fazes,
Nessa rede de aço que te envolve,
Nesse fechar-se enorme onde te moves.

Trabalho tua terra cada dia
E não me vês. O teu passo de ferro
Esmaga o que na noite foi minha vida.
E recomeço. E recomeço.

6

Despe-te das palavras e te aquece.
Toma nas mãos esses odres de terra
E como quem passeia, leva-os ao mar.

Se tudo te foi dado em abundância
O sal e a água de uma maré cheia
Eu te darei também a temperança.

Deita-te depois e vibra tua garganta
Como se fosse o início de um cantar.
Não cantes todavia.
Aqui, zona de tato e calor, margem do ser
Larga periferia, olha teu corpo de carne
Tua medida de amor, o que amaste em verdade.
O que foi síncope.
Todavia não cantes na perplexidade.

7

Vê, Ricardo, se falo tanto do ser feito de terra
É porque o resto é paisagem.
Olhei minha própria carne certa noite. E essa dor
Secular que a recobria. Tu passeavas teus olhos
Revivescendo a ilha, e meus braços castigados
Do gesto de alcançar, buscavam esse tempo de colher.
Mas eu não fui pastora. Há na terra que sou largas artérias
Mas um vento de assomos, um deslumbramento me tomava
E o gesto de plantar cristalizava-se no meu mais puro olhar.

Olhava: A figueira, a pedra umedecida da cisterna
O sol sobre o rosto das mulheres, um rosto semelhante
Àquele barro esquecido de rios. E ubíqua, viajava

Não que ali não deixasse afetos, pássaros da tarde
Cães (viajores de um dia) e presenças quando a noite
De augúrios começava. Uma parte de mim, essa de carne

E ausência, talvez não emigrasse. Os ritos, os de sempre.
Mas o olhar não era o mesmo: Pousava sobre as coisas
Mas nas coisas que via não estava.

Fui vista caminhando nos pastos. Nas vides. Muitos disseram
Que o meu corpo estendeu-se sobre a terra e de tal forma
Ficamos confundidas, que as aves descansaram de seu voo
Na minha fronte de pedra. Adormeci nas paragens de sal
Cantei minha canção no pátio dos mosteiros, atravessei as
[pontes
Lavei-me nas águas de infinitas nascentes. Mas a boca,
A minha boca fechou-se procurando uma única fonte.

8

Ser terra
E cantar livremente
O que é finitude
E o que perdura.

Unir numa só fonte
O que souber ser vale
Sendo altura.

9

Lê Catulo para mim pausadamente.
Ressuscitei memórias na manhã de ventos
E abrasei-me de um sol sem arvoredos.

Vi mulheres e aves e a mim mesma revi
Ave-mulher, passeio adolescente
De umas manhãs iguais e mais amigas.
À tarde viajei nas artérias do tempo
E para não arder pensei palavras novas
E repeti meu verso mais ameno.
Foi tão longo o meu dia. Tão escura
A visão de mim mesma. Lê. Sereno.

10

Sendo tu amor, irmão, comigo te pareces.
Em ti me dessedento e contigo me aplaco.
Esta larga vertente se parece à água
Do teu amor em mim, onde um dia feneço
Porque também fenece a flor apaziguada
Essa que não nasceu para ter alimento
Antes para morrer do amor desmemoriada.
E se tudo me dás, num sopro eu anoiteço.
Eu sempre serei terra. E tomando a semente
Tomo para mim uma tarefa inteira:
A de guardar um tempo, o todo que recebe
E livrá-lo depois de um jugo permanente.
Outros te guardarão. Não eu que só pretendo
Libertar na alegria o coração e a mente.

11

(*Andante tranquilo*)

Ainda é cedo, Ricardo, para o tempo que dizes
Da velhice. Não que sejas menino. Não o és.
Mas na noite flutuas pela casa dissipado em meiguice
Que a mulher vê no homem o menino que é.
Sei do teu riso extremo insinuando
A ferocidade da tua meninice. E pensas porque te amo
Que esqueci a arena ensolarada de outros dias
O rio coalhado de anzóis, a matança das aves
No sol do meio-dia.
Vê, Ricardo, se me foi dado cantar tua brandura,
É porque aquele que tu foste um dia, sendo feroz,
Amou. Talvez por isso é que eu te amo agora.

12

(*Poco più animato*)

Que te alegres de mim, Ricardo. Que a clareza do verso

Não te saiba a fatuidade e tola singeleza. Posso, para te
[celebrar,
Ser tecelã de um dia. E se o verso nasceu enquanto a mão
[tecia
É porque a cadência do tear trouxe de volta ao peito
Meu mundo amável de reminiscência.

Tive uma rua clara e a vontade gentil de descobrir o mar.
E se o ombro apenas começava um movimento rítmico de
[asa

Eu era navegante e navegava. Que te alegres de mim.
Entardeci possuída de infância.

13

Estava entre as torres o homem. Eu e ele.
E no instante, partiu-se o rio escuro da memória
E um ruído de claras persianas
Invadiu-nos o peito e os ouvidos.
Eram ares perdidos retornando. Grandes pássaros,
Asas e rumo de obelisco. E de prumo era o voo.
Grande voo, cobrindo-nos o peito e os ouvidos.
Veio um silêncio feito de altas ramas
E as mãos se abriram em estupor antigo.

Era além do pudor o peito em chama.

ODES MAIORES AO PAI

(1963-1966)

*À memória de
Apolônio Hilst*

*Sérgio Milliet
Paulo Sérgio Milliet*

(*Largo Pesante*)

I

Uns ventos te guardaram. Outros guardam-me a mim.
[E aparentemente separados
Guardamo-nos os dois, enquanto os homens no tempo
[se devoram.
Será lícito guardarmo-nos assim?
Pai, este é um tempo de espera. Ouço que é preciso esperar
Uns nítidos dragões de primavera, mas à minha porta
[eles viveram sempre,
Claros gigantes, líquida semente no meu pouco de terra.

Este é um tempo de silêncio. Tocam-te apenas. E no gesto
Te empobrecem de afeto. No gesto te consomem.

Tocaram-te nas tardes, assim como tocaste
Adolescente, a superfície parada de umas águas? Tens ainda
[nas mãos
A pequena raiz, a fibra delicada que a si se construía em
[solidão?
Pai, assim somos tocados sempre.
Este é um tempo de cegueira. Os homens não se veem.
[Sob as vestes
Um suor invisível toma corpo e na morte nosso corpo de
[medo
É que floresce.

Mortos nos vemos. Mortos amamos. E de olhos fechados
Uns espaços de luz rompem a treva. Meu pai: Este é um
[tempo de treva.

II

Ah, essas dores! E o voltar contínuo ao silêncio das tardes!
Junto ao muro dos mortos o passeio se fazia longo.
                                        [Estacávamos.
A tarde empobrecia de luz. O tempo galopava.
Vês? Tenho a alma pesada. Uma avidez no olhar
Antes ingênua, agora se fez grave. Há naquele campo a
                                        [imutável paisagem:
As papoulas abertas, as ruas estreitas e uma grande
                                        [e única alameda.
E datas, retratos. E súbito o ocre da terra sob os passos.
A mulher caminhava. Comprimia no peito a sua flor
                                        [e de humildade
Era o olhar à procura do nome. Se tu visses depois
                                        [que luminosa altivez
Se insinuava, quando voltava leve, sem o peso das dádivas.
E muitas passaram vagarosas. Umas lunares, com
                                        [seus rostos aduncos.
Outras com a centelha escondida dos sacrários.

III

Não é teu este canto porque as palavras se abriram
                                        [sobre a mesa.
Se chegavas era em silêncio e tocavas as coisas
Com a leveza dos meninos arrumando os altares.
                                        [Uma rosa tardia
Mesmo assim desmanchava-se e tua presença na noite
                                        [eu procurava.
Ninguém jamais nos via quando nos falávamos.
                                [As perguntas de sempre,

Os castiçais, o adro vazio da capela em frente.
                    [(E as persianas fechadas,
Para que o sal de fora não pousasse
Nas baixelas incríveis da memória). Aquele mar repetindo
                                        [seu canto
E as vozes partindo teus cristais! Como te abrigavas
                            [do ruído das estradas
E os teus livros abertos como se desfizeram naqueles
                                        [areais!
Nem sei de onde me vêm estes musgos, açoites,
                        [esta fonte que é nova
Em minha boca, nem sei dizer da morte o que te ouvi dizer
                            [no eco de umas noites.

Enquanto te celebro, as janelas do ocaso trazem risos.
E um hóspede atravessou incógnito teu jardim, afundou-se
                                        [na névoa
Cansou-se do teu hálito nas arestas, nas muradas,
                        [nos cálices, em mim.

És presente como um vento que corre entre portas abertas.

IV

Na tua ausência, na casa o perfume das igrejas. O odor
Da castidade antiga dos incensos reacendeu a alegria
                            [da infância
E aspirei contigo o perfume menos casto das cerejas.
                                [Na casa,
Um ruído de contas de rosário, mas eu só, meu pai,
                            [te vigiava.
Os ventos te seguiram. E próxima do teu passo, eu mesma
                            [era o silêncio,

A pedra. Impossível de abraço.
Uma torre contigo caminhava. Nos muros, nas escadas,
                                    [refizeram ardis,
Fibras trançadas, e aqueles pareciam mais largos, aquelas
                                    [mais altas.

No teu andar, um quase nada definido. Tinhas o caminhar
                                    [dos animais,
Espaçado e perdido. Respirei teu mundo movediço:
                        [Pai, não viste o sal da terra
Corroendo os pilares, as cruzes, a capela? E o sonho sobre
                                    [a tua fonte
É mesmo uma crisálida pronta para ter asas?

Abriram-se os portões mas a casa era nova. A que foi nossa
Tuas filhas te disseram que na noite, um homem e sua torre,
Com paciências guardadas, pouco a pouco a demoliram.

V

Sobrevivi à morte sucessiva das coisas do teu quarto.
Vi pela primeira vez a inútil simetria dos tapetes e o
                                    [azul diluído
Azul-branco das paredes. E uma fissura de um verde
                                    [anoitecido
Na moldura de prata. E nela o meu retrato adolescente
                                    [e gasto.
E as gavetas fechadas. Dentro delas aquele todo
                            [silencioso e raro
Como um barco de asas. Que fome de tocar-te nos
                                [papéis antigos!
Que amor se fez em mim, multiforme e calado!

Que faces infinitas eu amei para guardar teu rosto
[primitivo!

Desce da noite um torpor singular, água sob o casco
[de um velho veleiro
Calcinado. Em mim, o grande limbo de lamento, de dor,
[e o medo de esquecer-te
De soltar estas âncoras e depois florir sem ao menos
[guardar tua ressonância.
Abraça-me. Um quase nada de luz pousou na tua mesa
E expandiu-se na cor, como um pequeno prisma.

VI

Há tanto a te dizer agora! Meus olhos se gastaram
Procurando a palavra nas figuras, nos textos, nas estórias.
Era preciso viajar e levantada em renúncias redescobrir
[a morte
Além de seu sudário e suas tremuras. Quase nada aprendi.
[De nada me lembrei.
Há talvez a memória de tatos, um sentir rarefeito,
[um ouvido inexato
Deitado em solidão sobre o teu peito. E adeuses ingênuos,
[calados de vitória
E aquele de fereza, de acerto, dissolvido em orgulho,
[ressuscitado
Vagamente em canto. E na manhã, o meu sonho passara
[e a minha voz
Não se erguera em poesia.

Será preciso esquecer o contorno de umas formas que vi:
[naves, portais

E o grande crisântemo sobre a faixa restrita do canteiro.

Através do gradil, no terraço do tempo te percebo.
E ainda que as janelas se fechem, meu pai, é certo
[que amanhece.

INICIAÇÃO DO POETA

(1963-1966)

A carnagem do sal em nossos pés.
CARLOS MARIA DE ARAÚJO

1

O ouro do mais fundo está em ti.
Em mim, as coisas breves tomam corpo
E uma saga de bronze no meu ombro
A cada dia se transforma em chaga.
Um sol que se contrai sobre o meu rosto.
Aves de que não sei a sombra, vi-as
Na manhã quando o amor era chama
Mas num sopro perdi-as
E é grande agonia o que era gozo.
Guia-me em complacência. Que o instante
Não se afaste de mim, antes padeça
Desse meu existir e eu não me perca.

2

Claro objeto onde a rainha e o rei
Perduram indefinidamente num só cetro.
Vendo-o, como se fizésseis parte
Do seu único centro, vos vereis.
Nele a terra se mantém como foi feita:
Tenebrosa e tenra. Nele está o homem.
E se o olhardes bem, vosso cavalo
De cálida matéria. E no mais ínfimo
Do que vos rodeia, o que vos digo vereis.
Canto. E o meu canto se ouvirá
Onde o silêncio pesa, porque de amor se fez
Em amor conduz
E se nem sempre o que vos digo vos alegra

Não é só pena e angústia do poeta
Antes do ser, em mim, em vós,
Eternidade de dor e desassombro.

3

Toma-me, terra generosa. Tu que foste centelha
E agora és terra, abre o teu peito e abrasa o meu
Antes de ti desfeito, ah, infinita de dor e de poder
Aceita-me. Unge-me pés e mãos. Unge-me o ventre
Que só tem sido noite e saciedade sempre
E o plexo ferido e a cintura de fogo sobre a mente
E o dorso e a laringe.
Unge-me porque em mim um outro se prepara.
E o mínimo de dádiva e a entrega antecipada que me fiz,
Ao outro se fará tão necessária cinza
Para a justeza e o porte da raiz. Unge-me a boca, a língua
Para dizer a palavra esquecida e atingir o ser.
E faze dos meus olhos a medida para olhar através
E nunca perecer.

4

Terra, de ti é que vêm essas portas de mim. E sendo de sol
A planície de pedra, de sol o vestíbulo da casa, de sol
O dorso que também foi meu, impaciente das aves, fecho-me
Porque em tudo te vejo como se fosses de água,
                                    [e derramasses
Teu corpo escurecido, na paisagem. Quis para teu canto

A mais viva palavra: um só templo:
Nítido sobre a colina, limpo na luminosidade da hora.

Meu rosto será aquele de todos os teus mortos. E no entanto
Te amei como se eu mesma fosse unicamente terra, mãe, filha
Irmã na memória, multíparas e claras, nascidas de
[uma só matriz
Sofridas de uma só matéria.

5

Resíduo da retina, corpo crepuscular
Cone do passado e de recusa
Rosa-retina persistindo reclusa
Vejo-te agora, espaço, esplanada
Vendo-te como quem vem de fora
Mas livre de sua múltipla aparência.

Vede minha voz: a cada dia se faz clara.
Pastor e guardião
Pasce e resguarda a minha fala
E o que é palavra rompe
A lúcida matéria onde se esconde.

6

Sem heroísmo nem queixa, ofereço-vos
Minha mão aberta. Agora vos pertence.
Queimada de uma luz tão viva

Como se ardesse viva sob o sol. Olhai se possível
A mão que se queimou de coisas limpas.
E se souberdes o que em vós é justiça
Podereis refazê-la como a vossa mão. E depois igualada
Aproveitá-la. A cada hora, a cada hora
E para o vosso pão.

7

De luto esta manhã e as outras
As mais claras que hão de vir, aquelas
Onde vereis o vosso cão deitado e aquecido
De terra. De luto esta manhã
Por vós, por vossos filhos e não pelo meu canto
Nem por mim, que apesar de vós ainda canto.
Terra, deito minha boca sobre ti.
Não tenho mais irmãos.
A fúria do meu tempo separou-nos
E há entre nós uma extensão de pedra.
Orfeu apodrece
Luminoso de asas e de vermes
E ainda assim meus ouvidos recebem
A limpidez de um som, meus ouvidos,
Bigorna distendida e humana sob o sol.

Recordo a ingênua alegria de falar-vos.
E se falei submissa e se cantei a tarde
E o deixar-se ficar de alguns velhos cavalos,
Foi para trazer de volta aos vossos olhos
A castidade do olhar que a infância vos trazia.

Mas só tem sido meu, esse olho do dia.

8

Me afundarei nesse teu vão de terra
E a brasa da tua língua
Há de marcar em fogo o mais vivo da pedra.
Uma palavra nova há de nascer, mas clara
Palavra aérea, em ti se elaborando asa.
Em tudo nesta morte és inocente
Mas minha boca feriu-se de uns cantares
E agora silenciosa, goiva de si mesma
Não sabe mais dizer sem se ferir e breve
Há de fechar-se
Porque tem sido em tudo amenidade
E não é este o tempo de florir. Sabias
Que um pouco da tua terra endurecida
Deitou-se sobre mim? E respirei minha morte
E acendi memórias em ti reconfluída
E convidei meus hóspedes antigos
Aqueles mais longínquos, rigidez e cal
Sobre um corpo de pranto agora ungido.

9

E sempre será preciso o pão desta agonia:
De um lado, o passeio de uns dias ao redor do lago
O verde convalescente da memória,
Os pés numa terra aquecida,
E tu também convalescente, tateando o mosaico
Das paredes, dócil como se falasses a ti mesmo
Depois do grande exílio de uns afetos extremos.

E a ponte. E em cada lado, um rosto.
O primeiro voltado para o mais fundo do ser,
Gasto como se o tempo ao redor existisse palpável.
Alimento.
E o outro, exposto como um tronco
Numa extensão de sal e de cimento,
Abre a sua boca para todos os ventos.

10

Como se comprimisses a mão
Sobre os teus olhos
E visses tua carnadura
Simplesmente igual a uma grande massa escura,
Como quem vê de dentro
A princípio não vendo
E aos poucos distinguindo
O sangue, o filamento, o sal da sua própria estrutura

Assim posso me ver agora.

Parte de mim
Estilhaça uma asa num círculo de ferro.
Parte de mim é um arcabouço raro.
E o que vem de ti (uma parte de mim)
São aqueles meninos
E as aves com seus corpos finos
Sobre um lago de ledas asperezas.

Sou descanso e rudeza.

11

Se viverdes em mim, vereis até onde me estendo.
Pássaro que estende em arco seu claro movimento
Um dia há de pousar e estender-se em raiz. Ares
De um tempo colaram-se nas asas e um só tempo
Pretendo. Abriu-se minha mão. E toda terra
De sua pequena superfície não se colou ao vento.

12

Grande papoula iluminando de amarelo e ouro
Esta morte de mim. Meu canto está partido.
Minha morte não é a mesma que recobriu de pedra
Vosso ouvido, mas é como se fora, porque é morte
Cantar assim e nunca ser ouvido. Grande papoula
Iluminando de amarelo e ouro, porque é vida
Querer cantar, sabendo que a canção
Só tornará mais fundo vosso sono antiquíssimo.
Dormi, pois. Descem do rio que vejo umas hastes
De trigo. Um menino passeia o seu cavalo e olha o rio
E ri dentro do capinzal: Trigo perdido em direção ao mar!
Ah, boca de uma fome antiga rindo um riso de sangue.
Se pudésseis abri-la para cantar meu canto!

13

Asa de ferro, esmaga esta última fonte
De pequenas águas, agora que a memória
Na morte fez-se leve. Aqui não há mais boca.
E o que era corpo tem seu voo circular
Sobre todas as coisas. Há lugares iguais
Àqueles que cantei, girassóis com suas hastes
De terra, mas tudo como se fosse visto
Vendo a um tempo só, a paisagem e o vidro.
Os cavalos escuros correm numa extensão
De claridade. E não há sede de águas
Nem a vontade dolorida da palavra.
Estou no centro escuro de todas as coisas
Mas a visão é larga
Como um grito que se abrisse e abrangesse o mar.

PEQUENOS FUNERAIS CANTANTES AO POETA CARLOS MARIA DE ARAÚJO

(1967)

Death be not proud, though some have called thee
Mighty and dreadfull, for, thou art no soe,
for those, whom thou think'st thou dost overthrow,
*Die not, poore death, nor yet canst thou kill me.**
JOHN DONNE

* "Orgulhosa não sejas, morte, embora te pensem/ Poderosa e medonha, porque não és assim,/ porque esses, a quem pensas ter dado um fim,/ Não morrem, pobre morte, e nem a mim tu vences." Tradução de Afonso Félix de Sousa. *Sonetos de Meditação* (Rio de Janeiro: Philobiblion, 1985). (N. E.)

CORPO DE TERRA

I
Chaga de sol, rosácea ardente
Aqueles linhos de sangue, o peito
Mais profundo, aberto, extenso,
Toda a delicadeza do poeta
Flui
Exangue
Num círculo de dor. Assim te lembro.

II
Dorme o pastor. E sobre ele a pedra.
E dentro dele, no coração, no ventre
A primeira libélula. Dorme
Recente de raízes, o poeta.

III
No seu corpo de terra, dorme o inocente.
Cantou a solidão, a salamandra
E um cavalo e um cavaleiro de barro
Carmesim. E teve amor ao medo e à centelha
Que o fez cantar assim.

IV
Dorme o profeta. E se não escuta o vento
Ouve na minha boca o seu Ofício de Treva.
Em aflição, em amor eu te celebro
E na tua mão fechada está o meu grito:
O que esperaste da minha boca aberta.

V
Dorme o cantor: No dia de vossa ira
Lembrai-vos, Senhor, do sal e do carvão

Nas minas. E alguém há de calar os algozes
Do tempo, e há de nascer a flor sobre o teu sono
E pelo teu lamento.

VI

Dorme o amigo no seu corpo de terra.
E dentro dele a crisálida amanhece:
Ouro primeiro, larva, depois asa
Hás de romper a pedra, pastor e companheiro.

VII

Pastor, as violetas estão sobre os pilares.
É tempo do poeta abrir seu canto
Tempo de iniciação, tempo da esfera
E de uma linha-mundo curvo-reta:
Trajetória de amor e de amplidão.

CORPO DE LUZ

I

Caminhas em direção ao Sul. O que te move
É Alfa, Adonai, Claríssima Morada.
Teu peito é transparência em plenitude alada
E não te vejo na distância e no tempo.
Sei que a memória é límpida cancela
E que viaja a sós, eterna.

E sendo assim, a ti te reconheço.

II

Tu não estás comigo. Nem na tua noite
De antes, de granito. Nem a tua voz

É voz entre muralhas. Estás além agora:
Arco do infinito.

III
Teu sono não é o sono vulgar.
Estendes a vigília
E apreendes através da opacidade.
Também assim
Repousa o mar.

IV
Fechou-se para o efêmero das coisas
O incomensurável da retina.
Assim pousas na Verdade:
Fronte de opalina.

V
Poeta, os homens manipulam a matéria.
Artífices do grande sonho dão-se as mãos
E é o meu canto o fruto dessa espera.
Canto como quem risca a pedra. Te celebro
Na mais alta metamorfose da minha época.

Não cantarei em vão.

VI
Há um espaço finito onde o meu canto paira.
E no multidimensional, na estrutura
Onde a realidade se refaz, tu te demoras.

Pastor, o que parecia tangível se evapora.
E sobre nós, a grande noite
Num etéreo nada, jaz.

VII

Sabias de outro tempo? O universo
Agora se parece a um grande pensamento.
Tu cantaste o espanto, asa de silêncio.
Eu canto o espírito
Que penetrou no reino da matéria:
Asa de espanto do conhecimento.

EXERCÍCIOS PARA UMA IDEIA

(1967)

EXERCÍCIO Nº 1

Se permitires
Traço nesta lousa
O que em mim se faz
E não repousa:
Uma Ideia de Deus.

Clara como Cousa
Se sobrepondo
A tudo que não ouso.

Clara como Cousa
Sob um feixe de luz
Num lúcido anteparo.

Se permitires ouso
Comparar o que penso
A Ouro e Aro
Na superfície clara
De um solário.

E te parece pouco
Tanta exatidão
Em quem não ousa?

Uma Ideia de Deus
No meu peito se faz
E não repousa.

E o mais fundo de mim
Me diz apenas: Canta,
Porque à tua volta
É noite. O Ser descansa.
Ousa.

EXERCÍCIO Nº 2

Épura, que translúcida
Se projeta.

Épura, feixe solar,
E de cristal. E ereta.

Épura, réstia de luz
Sobre a mão destra.

Épura, que a um só tempo
Se renova. E sem limite
Ou aresta

Toma corpo no Todo
E recomeça.

EXERCÍCIO Nº 3

Dentro do prisma
A base, o vértice
De suas três
Pirâmides contínuas.

Dentro do prisma
A Ideia
Que perdura e ilumina
O que já era em mim
De natureza pura.

Dentro do prisma
O universo
Sobre si mesmo fechado
Mas aberto e alado.

Dentro de mim,
De natureza ígnea:
Uma Ideia do Amado.

EXERCÍCIO Nº 4

De espaço-tempo
De corpo e campo
Teu fundamento.

E teu nome é matéria.
Única. De estrutura
Infinitamente múltipla.

E se teu vértice pousa
Te fazes igualmente
Em Delta. E repousas.

Em ti
Começaria a minha Ideia.

EXERCÍCIO Nº 5

E se a mão se fizer
De ouro e aço,

Desenharei o círculo.
E dentro dele

O equilátero.

E se a mão não puder,
Hei de pensar o Todo
Sem o traço.

E se o olhar
A um tempo se fizer
Sol e compasso
Medita:

Retículo de prata
Esfera e asa
Tríplice
Una
E infinita.

EXERCÍCIO Nº 6

E de todos os rumos
Pensei
(Como quem vê a prumo)
Um só núcleo pulsando
Claro-Escuro.

Se quiseres
Chamaremos de Delta
O feixe que se esconde,
E Eta o júbilo de ser

Área de luz e cone.
E se o núcleo é um só,
É lícito entenderes
O que Delta resguarda
Do teu olhar alerta

E poderás dizer
Que um e outro
São infinitos-extensos
De um só Ser.

EXERCÍCIO Nº 7

Vereis em cada círculo
Três dimensões de um todo
Aparentemente bipartido.

Alfa se refaz. É expansão
E é cíclico. Ômega se contrai
Em nova direção. Em essência
Alimenta-se
Daquela que é princípio.

Mas sempre é o mesmo Ser
Num movimento líquido
De inspiração-expiração.

Sem finitude ou arbítrio.

JÚBILO, MEMÓRIA, NOVICIADO DA PAIXÃO

(1974)

A M. N.
porque ele existe.

*Deliberei amar. Corto em pedaços
o músculo sangrento, alheio e triste
a quem por isso culpo. Irmão, um dia
aprenderemos a entender a entranha.*

E nunca mais seremos diferentes.
RENATA PALLOTTINI

DEZ CHAMAMENTOS AO AMIGO

Love, love, my season.
SYLVIA PLATH

I

Se te pareço noturna e imperfeita
Olha-me de novo. Porque esta noite
Olhei-me a mim, como se tu me olhasses.
E era como se a água
Desejasse

Escapar de sua casa que é o rio
E deslizando apenas, nem tocar a margem.

Te olhei. E há tanto tempo
Entendo que sou terra. Há tanto tempo
Espero
Que o teu corpo de água mais fraterno
Se estenda sobre o meu. Pastor e nauta

Olha-me de novo. Com menos altivez.
E mais atento.

II

Ama-me. É tempo ainda. Interroga-me.
E eu te direi que o nosso tempo é agora.
Esplêndida avidez, vasta ventura
Porque é mais vasto o sonho que elabora

Há tanto tempo sua própria tessitura.

Ama-me. Embora eu te pareça
Demasiado intensa. E de aspereza.
E transitória se tu me repensas.

III

Se refazer o tempo, a mim, me fosse dado
Faria do meu rosto de parábola
Rede de mel, ofício de magia

E naquela encantada livraria
Onde os raros amigos me sorriam
Onde a meus olhos eras torre e trigo

Meu todo corajoso de Poesia
Te tomava. Aventurança, amigo,
Tão extremada e larga

E amavio contente o amor teria sido.

IV

Minha medida? Amor.
E tua boca na minha
Imerecida.

Minha vergonha? O verso
Ardente. E o meu rosto
Reverso de quem sonha.

Meu chamamento? Sagitário
Ao meu lado
Enlaçado ao Touro.

Minha riqueza? Procura
Obstinada, tua presença
Em tudo: julho, agosto
Zodíaco antevisto, página

Ilustrada de revista
Editorial, jornal
Teia cindida.

Em cada canto da Casa
Evidência veemente
Do teu rosto.

V

Nós dois passamos. E os amigos
E toda minha seiva, meu suplício
De jamais te ver, teu desamor também
Há de passar. Sou apenas poeta

E tu, lúcido, fazedor da palavra,
Inconsentido, nítido

Nós dois passamos porque assim é sempre.
E singular e raro este tempo inventivo
Circundando a palavra. Trevo escuro

Desmemoriado, coincidido e ardente
No meu tempo de vida tão maduro.

VI

Sorrio quando penso
Em que lugar da sala
Guardarás o meu verso.
Distanciado
Dos teus livros políticos?
Na primeira gaveta
Mais próxima à janela?
Tu sorris quando lês
Ou te cansas de ver
Tamanha perdição
Amorável centelha
No meu rosto maduro?
E te pareço bela
Ou apenas te pareço
Mais poeta talvez
E menos séria?
O que pensa o homem
Do poeta? Que não há verdade
Na minha embriaguez
E que me preferes
Amiga mais pacífica
E menos aventura?
Que é de todo impossível
Guardar na tua sala
Vestígio passional
Da minha linguagem?
Eu te pareço louca?
Eu te pareço pura?
Eu te pareço moça?

Ou é mesmo verdade
Que nunca me soubeste?

VII

Foi Julho sim. E nunca mais esqueço.
O ouro em mim, a palavra
Irisada na minha boca
A urgência de me dizer em amor
Tatuada de memória e confidência.
Setembro em enorme silêncio
Distancia meu rosto. Te pergunto:
De Julho em mim ainda te lembras?

Disseram-me os amigos que Saturno
Se refaz este ano. E é tigre
E é verdugo. E que os amantes

Pensativos, glaciais
Ficarão surdos ao canto comovido.
E em sendo assim, amor,
De que me adianta a mim, te dizer mais?

VIII

De luas, desatino e aguaceiro
Todas as noites que não foram tuas.
Amigos e meninos de ternura

Intocado meu rosto-pensamento
Intocado meu corpo e tão mais triste
Sempre à procura do teu corpo exato.

Livra-me de ti. Que eu reconstrua
Meus pequenos amores. A ciência
De me deixar amar
Sem amargura. E que me deem

A enorme incoerência
De desamar, amando. E te lembrando

— Fazedor de desgosto —
Que eu te esqueça.

IX

Esse poeta em mim sempre morrendo
Se tenta repetir salmodiado:
Como te conhecer, arquiteto do tempo
Como saber de mim, sem te saber?
Algidez do teu gesto, minha cegueira
E o casto incendiado momento
Se ao teu lado me vejo. As tardes
Fiandeiras, as tardes que eu amava,
Matéria de solidão, íntimas, claras
Sofrem a sonolência de umas águas
Como se um barco recusasse sempre
A liquidez. Minhas tardes dilatadas

Sobre-existindo apenas
Porque à noite retomo minha verdade:
Teu contorno, teu rosto, álgido sim

E porisso, quem sabe, tão amado.

X

Não é apenas um vago, modulado sentimento
O que me faz cantar enormemente
A memória de nós. É mais. É como um sopro
De fogo, é fraterno e leal, é ardoroso
É como se a despedida se fizesse o gozo
De saber
Que há no teu todo e no meu um espaço
Oloroso, onde não vive o adeus.

Não é apenas vaidade de querer
Que aos cinquenta
Tua alma e teu corpo se enterneçam
Da graça, da justeza do poema. É mais.
E porisso perdoa todo esse amor de mim

E me perdoa de ti a indiferença.

O POETA INVENTA VIAGEM, RETORNO, E SOFRE DE SAUDADE

I

Se for possível, manda-me dizer:
— É lua cheia. A casa está vazia —
Manda-me dizer, e o paraíso
Há de ficar mais perto, e mais recente
Me há de parecer teu rosto incerto.
Manda-me buscar se tens o dia
Tão longo como a noite. Se é verdade
Que sem mim só vês monotonia.
E se te lembras do brilho das marés
De alguns peixes rosados
Numas águas
E dos meus pés molhados, manda-me dizer:
— É lua nova —
E revestida de luz te volto a ver.

II

Meu medo, meu terror, é se disseres:
Teu verso é raro, mas inoportuno.
Como se um punhado de cerejas
A ti te fosse dado
Logo depois de haveres engolido
Um punhado maior de framboesas.

E dirias que sim, que tu me lembras.
Mas que a lembrança das coisas, das amigas
É cotidiana em ti. Que não te enganas,
Que o amor do poeta é coisa vã.

Continuarias: há o trabalho, a casa
E fidalguias
Que serão para sempre preservadas.
Se és poeta, entendes. Casa é ilha.
E o teu amor é sempre travessia.

Meu medo, meu terror, será maior
Se eu a mim mesma me disser:
Preparo-me em silêncio. Em desamor.
E hoje mesmo começo a envelhecer.

III

Se uma ave rubra e suspensa ficará
Na nitidez do meu verso? Há de ficar.
Também eu

Intensa e febril sobre o teu plexo.

Se cantarão Catulo, e depois dele
Meu canto vigoroso de mulher?
Hão de cantar.
Mais do que pensas o meu verso puro.

Entrelaçados o meu nome e o teu
Depois da morte? A desventura.
E as ambiguidades.

Distraído de mim, em desapego,
Eternamente cego? Claro que sim
Amado, eterno, corajoso amigo.

IV

Tenho pedido a Deus, e à lua, ontem
Hoje, a cada noite, PERPETUIDADE
Desde o instante em que me soube tua.
E que o luar e o divino perdoassem
O meu rosto anterior, rosto-menino
Travestido de aroma, despudor contente
De sua brevidade em tudo, nos afetos
No fingido amor
Porque fui tudo isso, bruxa, duende
Desengano e desgosto quase sempre.

Mais nada pedi a Deus. Mas pedi mais
À lua: que tu sofresses tanto quanto eu.

V

Ah, se eu soubesse quem sou.
Se outro fosse o meu rosto.
Se minha vida-magia
Fosse a vida que seria
Vida melhor noutro rosto.

Ah, como eu queria cantar
De novo, como se nunca tivesse
De parar. Como se o sopro
Só soubesse de si mesmo
Através da tua boca

Como se a vida só entendesse
O viver
Morando no teu corpo, e a morte
Só em mim se fizesse morrer.

VI

Como quem semeia, rigoroso, os cardos
Sobre a areia, sem ver a mulher à beira-mar
Tu, meu amigo, tens os olhos fixos
De límpida vigília, e nem me vês passar.
E ficarás assim, para sempre
Como se as águas estanques de uma tarde
Jamais sonhassem a aventura do mar.
E ficarás assim, para sempre
Como se o oceano se obrigasse
A contornar apenas uma certa ilha

E eu

Faminta me desobrigasse
Da minha própria água primitiva.

Como quem semeia, rigoroso, os cardos
Sobre a areia, hei de ficar exata e coerente
Construindo o meu verso, até que a morte
Me descubra um dia, provavelmente

Como quem passeia.

VII

Essa lua enlutada, esse desassossego
A convulsão de dentro, ilharga
Dentro da solidão, corpo morrendo
Tudo isso te devo. E eram tão vastas
As coisas planejadas, navios,
Muralhas de marfim, palavras largas
Consentimento sempre. E seria dezembro.
Um cavalo de jade sob as águas
Dupla transparência, fio suspenso
Todas essas coisas na ponta dos teus dedos
E tudo se desfez no pórtico do tempo
Em lívido silêncio. Umas manhãs de vidro
Vento, a alma esvaziada, um sol que não vejo

Também isso te devo.

VIII

Ai, que distanciamento, que montanha, que água
Estes rios fundos, o meu sumo escorrendo,
Esta chaga, ai, senhor, que já não vejo
O tempo, ando ensombrada
Quase dormida e insone pela casa
E ao mesmo tempo raposa perseguida:
Se ontem ousava correr, hoje não ousa
Antes se alegra
Do ouvido que escuta os cavalos correndo
A música dos instrumentos, dos cães o latido
E se deixa matar. Ai de mim, me conhecendo

Penitente sem ser preciso, com esse viço do amor
Não me sabendo nunca perseguida
Mas sendo caça, indo à frente
E perseguindo o caçador.

IX

Debruça-te sobre a tua casa e a tua mulher
E pergunta no mais fundo de ti, no teu abismo,
Se é maior teu espaço de amor, ou maiores
Que o céu esses rigores, a ti te proibindo
Tua amiga incorporada ao teu próprio destino.
Do máximo e do mínimo e a meu favor
(Não me louvando a mim o raciocínio)
Ressurgiria um conceito didático, exemplar:
De que não cabe medida se se trata
Dessa coisa incontida que é o amor.
O coração amante se dilata. O preconceito?
Um punhado de sal num mar de águas.

X

Túlio: aceita a graça que te concede
A padroeira, a mãe do meu Senhor,
De me tomar a alma e o corpo, e atrair
Para o teu próprio gozo, essa que anda
A te louvar, essa primeira
A te cantar no verso, tua amiga, eu mesma,
Incendiada, coroada de espinhos, e apesar

Sempre viva
Se se trata de ti, do teu fervor. Aceita-me.
Que o tempo, peregrino se faz sempre
Mas nunca a contento perdurável,
E se demoras muito, uns imensos destinos
Distanciam de ti esse todo amoldável
Que se faz em mim. E milênios hão de passar
E serás velho e triste. Aceita-me. Acredita:

De mais nada serás merecedor
Se te recusas à graça da minha Virgem.

XI

Túlio, melhor é te ensinar a conhecer
Essa coisa do amor, porque entendi
Que amor não se fez no teu peito imaturo.
Se tens cinquenta anos, e eu quarenta e três,
Em mim há muitas dores, tantas
Quanto te espantas do meu bem-querer. Túlio.
Quando se ama, rubor e lividez, banalidade
E chama, se alternam, como em certas tardes
Tu vês a chuva, o chão de terra lavado,
E num segundo nem há sombra de águas
E vês o sol oblíquo, enviesado, uma luz
Quase ferida, para os teus olhos recentes
De umas águas. E há sentires plangentes,
Agonias, um não dizer inflamado, uma febre
Marejada de poesia.

E tudo o que eu te digo, tecido de palavras,
Porque te amo tanto, Túlio, disse nada.

XII

Túlio viaja. A sós. E o tempo passa.
Túlio nos ares, asa, e amplidão,
E o poeta morrendo, a sós, na casa,
O coração nos ares

Ai, coração, lamenta e apaga
Teu existir de sangue
Essa desordenada convulsão
Porque Túlio viaja e não te sabe.
Sabe apenas de si, e das notícias
Supremas da política, dos homens
Fica atento à eloquência
E de ti, coração (antes que a pedra
Se julgue irmã da tua matéria
Ouve, contido): De ti, Túlio não sabe.

Porisso volta à terra, esquece os ares.

XIII

Não é isso, Túlio. Afastada de mim
A intenção de te causar tormento.
É o Tempo, amigo. E se me faço ampla
O inimigo atroz não me acompanha
Porque Túlio se faz, a cada dia, exíguo.
Deleitosa, caminho até a montanha
E tu te fechas, tíbio, pesadas anteportas
Emergem do passeio a que me obrigo.

Não é tormento, Túlio. Sempre te enganas.
É essa fome de ti, esse amor infinito
Palavra que se faz lava na garganta.

XIV

Uma viagem sem fim, Túlio, eu te proponho
Um percorrer o mundo, vagaroso, uns caminhares
Largos, entre a montanha e o vale, e acertos
Entre nós dois, nós viajores, nós repensando
Os rios,
E um campo de papoulas nos tomando, um frêmito
Luminoso,
Agudos, inquietantes no entender dos outros,
Lúdicos como convém a cálidos amantes.

Viagem de madrugadas milenares, Sírius intensa,
Tudo ao redor papoulas e cerejas, como convém
A mim, louca de lucidez, e como a ti, Túlio,
Comigo, te convém.

XV

Amada vida: a dádiva de ser, de Túlio
A única paisagem, inumerável, única a seus olhos,
É o que pede o poeta à amada vida. Que importa
A Túlio o contemplar os frutos, romãs, ou mesmo
Rosas, se por amor a ele me transmuto, e posso
A um tempo só, ser flor e fruto, e além do mais

Poeta, prodigiosa?
Que importa a Túlio o mergulhar nas águas
Se por amor a ele, maré alta e praia
A cada dia me faço, dadivosa? Que importa ao amado
O deslizar das horas, o passo nos caminhos,
O olhar diante do Tempo, umas duras planícies,
E bulbos e romãs e rosas fenecendo
Se por amor a ele, me faço amor e morte?

XVI

Túlio, não me pertenço mais.
Nem as palavras agora me pertencem.
Antes, são tuas, a alma e a palavra
E dura dentro de ti vou me fazendo
Medo e muralha,
E se quiseres posso ser convento
E calar o meu verso, alimentar meu tempo
De corredores vazios e rosários.
Túlio, só de te ouvir o nome, desfaleço.
E a alma que sabia a entendimento,
De si mesma não sabe, nem do gozo
De te amar, que conhecia.
E se a ti, Túlio, te pertenço, ai, nunca mais
Do amor vou conhecer minha alegria.
Hei de fazer-me triste à imagem tua:
Hei de ser pedra e areia, soberba e solidão
Montanha crua.

XVII

Morte, minha irmã:
Que se faça mais tarde a tua visita.
Agora nunca. Porque o amor de Túlio
O vermelho da vida, pela primeira vez
Se anuncia fecundo. Diante da luz do sol
O meu rosto noturno de poeta te suplica
Que te demores muito contemplando o mundo
Que te detenhas ali, entre a roseira
E o junco,
Ou talvez, para o teu conforto, assim, te estendas
À sombra das paineiras, sonolenta.
Morte, contempla. Poupa quem por amor,
Em tantos versos, também te fez rainha.
Esquece o poeta. Porque o amor de Túlio
O vermelho da vida, pela primeira vez
Secreto, se avizinha.

MODERATO CANTABILE

I

A ideia, Túlio, foi se fazendo
Em mim. Era alta a lua, e aberta
A porta escura da minha casa vazia.
Te pensei. E na minha alma fez-se
Um gosto licoroso, mordedura

Mais doce do que a própria ventura
De existir
E te pensando foi subindo a lua
E vivendo meu instante fui te vendo
Da minha vida cada vez mais perto.

A ideia, Túlio, redonda, esboçada
Em azul, em ocre e sépia
Era a tua vida em mim, circunvolvida.

II

E circulando lenta, a ideia, Túlio,
Foi se fazendo matéria no meu sangue.
A obsessão do tempo, o sedimento
Palpável, teu rosto sobre a ideia

Foi nascendo

E te sonhei na imensidão da noite
Como os irmãos no sonho se imaginam:
Jungidos, permanentes, necessários
E amantes, se assim se faz preciso.

Tocar em ti. Recriar castidade
Não me sabendo casta, ser voragem
Ser tua, e conhecendo

Ser extensão do mar na tua viagem.

III

Ser nova e derradeira, recompondo
Madrugada e manhã no teu instante.
Ser tão extrema, Túlio, tão primeira

Mais te valendo percorrer meu corpo
Do que a matriz da terra. Tu me dirias:
Louca, pastora do meu tempo, te demoraste
Eterna.

A ideia, Túlio, vai se fazendo rubra
À medida que vou te refazendo.

IV

E quanto mais te penso, de si mesma
Se encanta a minha ideia. Vertiginosa
E tensa como a flecha, contente de ser viva

Te procura

Sagitário-algoz, homem-amor, teu nome

Que é preciso esconder do meu poema.
Te chamarás, quem sabe, Rufus, Antônio
Se outros olhos se abrirem sobre o verso.
A justiça dos homens, essa trama imprecisa
Me puniria a mim, me chamaria ilícita
Se o verso se mostrasse com teu nome.

A ideia, Túlio, essa ilha escondida
É límpida, encantada, se faz prata
Vive através de ti. Porisso brilha.

V

E se parece a Mei, pequena estrela
Viva na constelação de Sagitário.
Vive dentro de ti, dupla grandeza
O existir de agora, o céu em mim

No meu viver de sempre, solitário.

E de viver a ideia, de mim mesma
Do rosto, dos cabelos, do meu corpo
Dos amigos também, ando esquecida.
Rodeiam-me sem rosto, me perguntam:
E a ideia? E se vão apreensivos
Pois dupla vida é o que vive o poeta:
Entendimento e amor, duplo perigo.

A ideia, Túlio,
(resguarda-te do susto, não te aflijas)
É na verdade tudo o que me resta.

VI

Soergo meu passado e meu futuro
E digo à boca do Tempo que os devore.
E degustando o êxito do Agora
A cada instante me vejo renascendo

E no teu rosto, Túlio, faz-se um Tempo

Imperecível, justo
Igual à hora primeira, nova, hora-menina
Quando se morde o fruto. Faz-se o Presente.
Translúcida me vejo na tua vida
Sem olhar para trás nem para frente:
Indescritível, recortada, fixa.

ODE DESCONTÍNUA E REMOTA PARA FLAUTA E OBOÉ. DE ARIANA PARA DIONÍSIO

I

É bom que seja assim, Dionísio, que não venhas.
Voz e vento apenas
Das coisas do lá fora

E sozinha supor
Que se estivesses dentro

Essa voz importante e esse vento
Das ramagens de fora

Eu jamais ouviria. Atento
Meu ouvido escutaria
O sumo do teu canto. Que não venhas, Dionísio.
Porque é melhor sonhar tua rudeza
E sorver reconquista a cada noite
Pensando: amanhã sim, virá.
E o tempo de amanhã será riqueza:
A cada noite, eu Ariana, preparando
Aroma e corpo. E o verso a cada noite
Se fazendo de tua sábia ausência.

II

Porque tu sabes que é de poesia
Minha vida secreta. Tu sabes, Dionísio,
Que a teu lado te amando,
Antes de ser mulher sou inteira poeta.
E que o teu corpo existe porque o meu
Sempre existiu cantando. Meu corpo, Dionísio,

É que move o grande corpo teu

Ainda que tu me vejas extrema e suplicante
Quando amanhece e me dizes adeus.

III

A minha Casa é guardiã do meu corpo
E protetora de todas minhas ardências.
E transmuta em palavra
Paixão e veemência

E minha boca se faz fonte de prata
Ainda que eu grite à Casa que só existo
Para sorver a água da tua boca.

A minha Casa, Dionísio, te lamenta
E manda que eu te pergunte assim de frente:
A uma mulher que canta ensolarada
E que é sonora, múltipla, argonauta

Por que recusas amor e permanência?

IV

Porque te amo
Deverias ao menos te deter
Um instante

Como as pessoas fazem
Quando veem a petúnia
Ou a chuva de granizo.

Porque te amo
Deveria a teus olhos parecer
Uma outra Ariana

Não essa que te louva

A cada verso
Mas outra

Reverso de sua própria placidez
Escudo e crueldade a cada gesto.

Porque te amo, Dionísio,
É que me faço assim tão simultânea

Madura, adolescente

E por isso talvez
Te aborreças de mim.

V

Quando Beatriz e Caiana te perguntarem, Dionísio,
Se me amas, podes dizer que não. Pouco me importa
Ser nada à tua volta, sombra, coisa esgarçada
No entendimento de tua mãe e irmã. A mim me importa,
Dionísio, o que dizes deitado, ao meu ouvido
E o que tu dizes nem pode ser cantado

Porque é palavra de luta e despudor.
E no meu verso se faria injúria

E no meu quarto se faz verbo de amor.

VI

Três luas, Dionísio, não te vejo.
Três luas percorro a Casa, a minha,
E entre o pátio e a figueira
Converso e passeio com meus cães

E fingindo altivez digo à minha estrela
Essa que é inteira prata, dez mil sóis
Sirius pressaga

Que Ariana pode estar sozinha
Sem Dionísio, sem riqueza ou fama
Porque há dentro dela um sol maior:

Amor que se alimenta de uma chama
Movediça e lunada, mais luzente e alta

Quando tu, Dionísio, não estás.

VII

É lícito me dizeres que Manan, tua mulher
Virá à minha Casa, para aprender comigo

Minha extensa e difícil dialética lírica?
Canção e liberdade não se aprendem

Mas posso, encantada, se quiseres

Deitar-me com o amigo que escolheres
E ensinar à mulher e a ti, Dionísio,

A eloquência da boca nos prazeres
E plantar no teu peito, prodigiosa
Um ciúme venenoso e derradeiro.

VIII

Se Clódia desprezou Catulo
E teve Rufus, Quintius, Gelius
Inacius e Ravidus

Tu podes muito bem, Dionísio,
Ter mais cinco mulheres
E desprezar Ariana
Que é centelha e âncora

E refrescar tuas noites
Com teus amores breves.
Ariana e Catulo, luxuriantes

Pretendem eternidade, e a coisa breve
A alma dos poetas não inflama.
Nem é justo, Dionísio, pedires ao poeta

Que seja sempre terra o que é celeste
E que terrestre não seja o que é só terra.

*"Conta-se que havia na China uma mulher
belíssima que enlouquecia de amor
todos os homens. Mas certa vez caiu
nas profundezas de um lago e assustou os peixes."*

IX

Tenho meditado e sofrido
Irmanada com esse corpo
E seu aquático jazigo

Pensando

Que se a mim não me deram
Esplêndida beleza
Deram-me a garganta
Esplandecida: a palavra de ouro
A canção imantada
O sumarento gozo de cantar
Iluminada, ungida.

E te assustas do meu canto.
Tendo-me a mim
Preexistida e exata

Apenas tu, Dionísio, é que recusas
Ariana suspensa nas tuas águas.

X

Se todas as tuas noites fossem minhas
Eu te daria, Dionísio, a cada dia
Uma pequena caixa de palavras
Coisa que me foi dada, sigilosa

E com a dádiva nas mãos tu poderias
Compor incendiado a tua canção
E fazer de mim mesma, melodia.

Se todos os teus dias fossem meus
Eu te daria, Dionísio, a cada noite
O meu tempo lunar, transfigurado e rubro
E agudo se faria o gozo teu.

PRELÚDIOS-INTENSOS PARA OS DESMEMORIADOS DO AMOR

Para Mora Fuentes

I

Toma-me. A tua boca de linho sobre a minha boca
Austera. Toma-me AGORA, ANTES
Antes que a carnadura se desfaça em sangue, antes
Da morte, amor, da minha morte, toma-me
Crava a tua mão, respira meu sopro, deglute
Em cadência minha escura agonia.

Tempo do corpo este tempo, da fome
Do de dentro. Corpo se conhecendo, lento
Um sol de diamante alimentando o ventre,
O leite da tua carne, a minha
Fugidia.
E sobre nós este tempo futuro urdindo
Urdindo a grande teia. Sobre nós a vida
A vida se derramando. Cíclica. Escorrendo.

Te descobres vivo sob um jugo novo.
Te ordenas. E eu deliquescida: amor, amor,
Antes do muro, antes da terra, devo
Devo gritar a minha palavra, uma encantada
Ilharga
Na cálida textura de um rochedo. Devo gritar
Digo para mim mesma. Mas ao teu lado me estendo
Imensa. De púrpura. De prata. De delicadeza.

II

Tateio. A fronte. O braço. O ombro.
O fundo sortilégio da omoplata.
Matéria-menina a tua fronte e eu

Madurez, ausência nos teus claros
Guardados.

Ai, ai de mim. Enquanto caminhas
Em lúcida altivez, eu já sou o passado.
Esta fronte que é minha, prodigiosa
De núpcias e caminho
É tão diversa da tua fronte descuidada.

Tateio. E a um só tempo vivo
E vou morrendo. Entre terra e água
Meu existir anfíbio. Passeia
Sobre mim, amor, e colhe o que me resta:
Noturno girassol. Rama secreta.

III

Contente. Contente do instante
Da ressurreição, das insônias heroicas
Contente da assombrada canção
Que no meu peito agora se entrelaça.
Sabes? O fogo iluminou a casa.
E sobre a claridade do capim
Um expandir-se de asa, um trinado

Uma garganta aguda, vitoriosa.

Desde sempre em mim. Desde
Sempre estiveste. Nas arcadas do tempo
Nas ermas biografias, neste adro solar
No meu mudo momento

Desde sempre, amor, redescoberto em mim.

IV

Que boca há de roer o tempo? Que rosto
Há de chegar depois do meu? Quantas vezes
O tule do meu sopro há de pousar
Sobre a brancura fremente do teu dorso?

Atravessaremos juntos as grandes espirais
A artéria estendida do silêncio, o vão
O patamar do tempo?

Quantas vezes dirás: vida, vésper, magna-marinha
E quantas vezes direi: és meu. E as distendidas
Tardes, as largas luas, as madrugadas agônicas
Sem poder tocar-te. Quantas vezes, amor

Uma nova vertente há de nascer em ti
E quantas vezes em mim há de morrer.

V

Aos amantes é lícito a voz desvanecida.
Quando acordares, um só murmúrio sobre o teu ouvido:
Ama-me. Alguém dentro de mim dirá: não é tempo,
                                              [senhora,
Recolhe tuas papoulas, teus narcisos. Não vês
Que sobre o muro dos mortos a garganta do mundo
Ronda escurecida?

Não é tempo, senhora. Ave, moinho e vento
Num vórtice de sombra. Podes cantar de amor

Quando tudo anoitece? Antes lamenta
Essa teia de seda que a garganta tece.

Ama-me. Desvaneço e suplico. Aos amantes é lícito
Vertigens e pedidos. E é tão grande a minha fome
Tão intenso meu canto, tão flamante meu preclaro tecido
Que o mundo inteiro, amor, há de cantar comigo.

ÁRIAS PEQUENAS.
PARA BANDOLIM

I

Os dentes ao sol
A memória engolindo
O resplendor angélico
De um lívido jacinto.

Os dentes ao sol
E o escuro momento
Do girassol no muro
Enlouquecendo.

Os dentes ao sol
Dentro de mim
A sombra dos teus dedos
Tua brusca despedida.

Do tempo
As enormes mandíbulas
Roendo nossas vidas.

II

Meu corpo no mar
E o peixe movendo
A barbatana tensa
No ar.

Meu corpo de terra
Mergulha no gozo

E te pensa

Em líquida quimera.

O corpo do peixe
Olho abismado
Hiato
Guelra sem grito

Morrendo.

III

Tuas poucas palavras
Meus atentos ouvidos
Um sopro adverso
Encrespando as águas.

Apenas escutava
O que tu não dizias.
Inteira ensimesmada
A tarde se fechava

Minha boca se abria
E não dizia nada.
Se eu pudesse diria:

Que a vida se me apaga
Porque o ouvido não ouve
O que lhe caberia.
Se dissesses — Amada —
(Te parece difícil?)

Só isso bastaria.

IV

Se é morte este amor
Por que se faz sozinho
Este meu canto?
Antes diria sorte

Poder cantar morrendo
A minha morte.

Se te vou esperar
Como é certo que ao fruto
Antecede a árvore?
Certo como a terra

Antecede a árvore
E à árvore antecede
A semente na terra

Me hás de vir buscar.

V

Aprendo encantamento.

E a sós
No bandolim do tempo
Vou sorvendo a hora

Hora de amor, amigo,
Quando o teu rosto

À minha frente
E a gosto

Se fizer consentido.
Aprendo a tua demora
Como a noite paciente
Conhece a madrugada

E obscura elabora
A salamandra rara:
O dia. Tua figura.

Aprendo encantamento
E desfio encantada

O bandolim do tempo.

VI

Entendimento fatal
Demasia do gosto
Devo morrer agora

Se não me tomas.

Coração-corpo
Tão dilatado
Pulsando espesso

Se não me tomas
Vai-se o compasso
Do meu bater.

Mínimo espaço
E o meu imenso
Descompassado
Coração-corpo
Se não me tomas
Antes me faço
De crueldade:
Ao invés de versos
Te mando cardos

Ao invés de vida
Te mando o gosto
Do meu morrer.

VII

Esquivança, amigo.
É o que se faz em ti.
Frígido, esquivo
Da benquerença de mim

Quanto mais te persigo
Mais te vejo
De mim o fugitivo
Córrego correndo
E eu desesperança
Me fazendo antiga.

Crescem verdores
À minha volta.
Ramas votivas
Se interdizendo:

Cubra-se a morta
Porque o amante
Se faz esquivo.
Feche-se a porta
Porque é de pedra

Impermissivo

Esse que era
O cantar da morta.

VIII

E taciturno

Pelo começo
Começarias
A minha estória
Que desde o início
Já se sabia
Ter todo o vício
De malfadada
Versos dementes
Volúpia larga:

— Era tão louca
Que lá da aldeia
Onde vivia
Mandava cartas
De fogo e areia
Esbraseadas
E as outras ásperas

Nem as abria
Só de tocá-las... —

(Túlio coitado
Já se queimava)

— Mulher-poeta
E incendiada
Que outra morte
Lhe caberia? —

— Túlio, tens culpa?
— Culpo-me nada.

IX

Incontável, muda
Essa plenitude.
Incontável, mudo
Meu instante de morte.
Ando morrendo.
E, sem poder, traduzo:

É punhal cintilante
Esta minha morte.
Como se fosse dor
Sem se fazer ferida,
Como se o grito
Se fizesse mudo.
(Sem ser agudo
Um silvo penetrasse
No teu profundo ouvido)

Como se eu lamentasse
Sem lamento
Sem urro.
Corpo de fogo morrendo
Sem a luz do ouro.
Isento. Puro.

Vivo do seu próprio momento.

X

As laranjas têm alma?
Tu me perguntas calmo
A testa no fruto.
Examinas. Desenrolas
A casca, o amarelo
Escorre palpitante
O sumo sobre a mesa.
Proeza da tua fome.

Tu ainda me amas?
Eu te pergunto lívida
Na manhã de tintas
Amarelo e ocre
Pulsando no meu sangue.
E te levantas, me olhas
E te fazes cansado
De perguntas antigas.

XI

Antes que o mundo acabe, Túlio,
Deita-te e prova
Esse milagre do gosto
Que se fez na minha boca
Enquanto o mundo grita
Belicoso. E ao meu lado
Te fazes árabe, me faço israelita
E nos cobrimos de beijos
E de flores

Antes que o mundo se acabe
Antes que acabe em nós
Nosso desejo.

XII

Dentro do círculo
Faço-me extensa.
Procuro o centro
Me distendendo.
Túlio não sabe
Que o amor se move
No seu de dentro
E me procura
Movente, móvil
No lá de fora.

Túlio de mim
Tem se movido

Tão desatento
Como se a nuvem
Já se movendo
Buscasse o vento
Como se a chuva
Toda molhada
Buscasse a água.

XIII

Túlio: há palavras escuras,
Guardadas, duros ramos
Dentro das arcas. Roxura
Por exemplo. É ânsia.
Convém lembrá-las
Porque me faço mordente
Nesta minha armadura,
Soberbosa, cansada
Do teu silêncio
E do laivoso das gentes.
Há palavras escuras.
Hederoso, por exemplo.
É abundante de heras.
Habena, que é chicote.
E há uma palavra rara
Em milenar repouso
No teu peito duro.
Convém lembrá-la, Túlio.
Do amor é que te falo.

Acorda a tua palavra.
Usa o chicote
Antes que eu me faça escura.

XIV

Lilases, Túlio, celebremos
O estarmos vivos, milagre
A que os demais assistem
Distraídos, e nós amantes
Nos sabemos perplexos
Floridos e vorazes
Diante deste banquete.
Vívidos, Túlio, celebremos.
Ao rei dos reis, o poeta pede
Paixão-Eternidade, Virtude
Da Razão, ainda que aos vossos olhos
Tais nobrezas a princípio pareçam
Coisa irreconciliável

Mas o difícil em nós
Se faz lhaneza, porque o poeta
Pede à divindade. Ouro mais raro
É ouro permissível, se no abismo
Em que vive, coexiste
O envoltório do amor. Em nós
Convivem, Túlio, os dúplices
Difíceis. Abracemo-nos. Celebra.
Enquanto estamos vivos.

XV

Embriaguez da vontade, Túlio,
Sangue buscando a veia
É o que me faz perpétua.

Estrela sobre a testa
E de poesia plena
Vou te buscando imensa.

Embriaguez da vontade, Túlio,
E os oponentes:
Tua pouca ciência, desafeto,
Exata em mim, minha maturidade.

E haverá louvor e recompensa
Para o amor incansável do poeta.
Dentro da sua soberba
Brioso de eternidade

Túlio, de pedra.

XVI

Negra
Como a terra profunda
Que retém a seiva.

Rubra
Explodindo em sangue
Tua palavra omissa
No meu peito amante.

Túlio, lâmina aguçada
Retalhando a luz
Da minha palavra.

Turvo
Teu amor austero
Recobrindo tudo.

Túlio
Castigando eterno
A perdição e a carne

Do poeta.

XVII

O poeta se fez
Água de fonte
Infância
Circunsoante
Madeira leve
Límpida caravela

E Túlio não quis.

O poeta se fez
Aroma
Voz inflamante
Vestido
Metalescente
Insânia

E Túlio não quis.

O poeta se cobre
De visgo, de vergonha

Enterra seu bandolim
Artimanha do sonho

Tem o corpo de luto
E o rosto de giz

Porque Túlio não ama.

XVIII

Se eu te pedisse, Túlio,
O ato irreparável de me amar
Te pediria muito?

Se o corpo pede à alma
Que respirem juntos
Tu dirias, dúbio,
Que se trata de um pedido singular?

Se o que eu te digo
Ouves pelo ouvido
Tu culparias
Teu inteiro sentido
Auricular?

Retoma, Túlio,
O que pertence à vida:
Meu sangue, minha poesia

E o ato irreparável de me amar.

XIX

Pela última vez
Me vejo moça, Túlio.
Pela última vez

Emana do meu rosto
Um brilho de ventura
Suspeitoso:
Véu redivivo
Cintilância de noiva

E a um tempo só
Também leve mortalha
Recobrindo o morto.

Pela última vez
Te peço
Que tu escolhas

O que devo colocar
Diante do rosto:
Essa teia de fogo
Atrevimento
O ouro de te amar

Ou o tecido outro:
Recusa e contenção
De Túlio

Esse linho trevoso
Essa mortalha lunar
Sobre o meu rosto.

Porque me fiz
Cruz e ferida
Viva enormemente
Te suplico:

Que me permitas, Túlio,
A mim, ser moça,
Arder e colocar

Pela última vez

Minha teia de fogo
Sobre o rosto.

ÁRIA ÚNICA, TURBULENTA

Tépido Túlio, o reino
Não é feito para os mornos.
Esse reino de amor onde és o rei
Por compulsão e ímpeto do poeta,
É feito de loucura, de atração
E não compreende tepidez, mornura
E vícios da aparência, palha, Túlio,
Tem sido o teu reinado, inconsistência.
Ou te transformas, rei de fogo e justo,
E, a quem merece, dás amor e alento

Ou se refaz em ira a minha luxúria
Me desfaço de ti, muito a contento.

POEMAS AOS HOMENS
DO NOSSO TEMPO

I

homenagem a
Alexander Solzhenitsyn

Senhoras e senhores, olhai-nos.
Repensamos a tarefa de pensar o mundo.
E quando a noite vem
Vem a contrafação dos nossos rostos
Rosto perigoso, rosto-pensamento
Sobre os vossos atos.

A muitos os poetas lembrariam
Que o homem não é para ser engolido
Por vossas gargantas mentirosas.
E sempre um ou dois dos vossos engolidos
Deixarão suas heranças, suas memórias

A IDEIA, meus senhores

E essa é mais brilhosa
Do que o brilho fugaz de vossas botas.

Cantando amor, os poetas na noite
Repensam a tarefa de pensar o mundo.
E podeis crer que há muito mais vigor
No lirismo aparente
No amante Fazedor da palavra

Do que na mão que esmaga.

A IDEIA é ambiciosa e santa.
E o amor dos poetas pelos homens
É mais vasto
Do que a voracidade que vos move.

E mais forte há de ser
Quanto mais parco

Aos vossos olhos possa parecer.

II

Amada vida, minha morte demora.
Dizer que coisa ao homem,
Propor que viagem? Reis, ministros
E todos vós, políticos,
Que palavra
Além de ouro e treva
Fica em vossos ouvidos?
Além de vossa RAPACIDADE
O que sabeis
Da alma dos homens?
Ouro, conquista, lucro, logro
E os nossos ossos
E o sangue das gentes
E a vida dos homens

Entre os vossos dentes.

III

homenagem a
Natalia Gorbanievskaya

Sobre o vosso jazigo
— Homem político —

Nem compaixão, nem flores.
Apenas o escuro grito
Dos homens.

Sobre os vossos filhos
— Homem político —
A desventura
Do vosso nome.

E enquanto estiverdes
À frente da Pátria
Sobre nós, a mordaça.
E sobre as vossas vidas
— Homem político —
Inexoravelmente, nossa morte.

IV

A Federico García Lorca

Companheiro, morto desassombrado, rosácea ensolarada
Quem, senão eu, te cantará primeiro. Quem, senão eu
Pontilhada de chagas, eu que tanto te amei, eu
Que bebi na tua boca a fúria de umas águas
Eu, que mastiguei tuas conquistas e que depois chorei
Porque dizias: "amor de mis entrañas, viva muerte".
Ah, se soubesses como ficou difícil a Poesia.
Triste garganta o nosso tempo, TRISTE TRISTE.
E mais um tempo, nem será lícito ao poeta ter memória
E cantar de repente: "Os arados van e vén
                              dende Santiago a Belén".
Os cardos, companheiro, a aspereza, o luto
A tua morte outra vez, a nossa morte, assim o mundo:

Deglutindo a palavra cada vez e cada vez mais fundo.
Que dor de te saber tão morto. Alguns dirão:
Mas está vivo, não vês? Está vivo! Se todos o celebram
Se tu cantas! ESTÁS MORTO. Sabes por quê?

> "El pasado se pone
> su coraza de hierro
> y tapa sus oídos
> con algodón del viento.
> Nunca podrá arrancársele
> un secreto."

E o futuro é de sangue, de aço, de vaidade. E vermelhos
Azuis, brancos e amarelos hão de gritar: morte aos poetas!
Morte a todos aqueles de lúcidas artérias, tatuados
De infância, o plexo aberto, exposto aos lobos. Irmão.
Companheiro. Que dor de te saber tão morto.

V

homenagem a Alexei Sakarov

> de cima do palanque
> de cima da alta poltrona estofada
> de cima da rampa
> olhar de cima

LÍDERES, o povo
Não é paisagem
Nem mansa geografia
Para a voragem
Do vosso olho.
POVO. POLVO.
UM DIA.

O povo não é o rio
De mínimas águas
Sempre iguais.
Mais fundo, mais além
E por onde navegais
Uma nova canção
De um novo mundo.

E sem sorrir
Vos digo:
O povo não é
Esse pretenso ovo
Que fingis alisar,
Essa superfície
Que jamais castiga
Vossos dedos furtivos.
POVO. POLVO.
LÚCIDA VIGÍLIA.
UM DIA.

VI

Tudo vive em mim. Tudo se entranha
Na minha tumultuada vida. E porisso
Não te enganas, homem, meu irmão,
Quando dizes na noite que só a mim me vejo.
Vendo-me a mim, a ti. E a esses que passam
Nas manhãs, carregados de medo, de pobreza,
O olhar aguado, todos eles em mim,
Porque o poeta é irmão do escondido das gentes
Descobre além da aparência, é antes de tudo
Livre, e porisso conhece. Quando o poeta fala

Fala do seu quarto, não fala do palanque,
Não está no comício, não deseja riqueza
Não barganha, sabe que o ouro é sangue
Tem os olhos no espírito do homem
No possível infinito. Sabe de cada um
A própria fome. E porque é assim, eu te peço:
Escuta-me. Olha-me. Enquanto vive um poeta
O homem está vivo.

VII

homenagem a
Pavel Kohout

Que te devolvam a alma
Homem do nosso tempo.
Pede isso a Deus
Ou às coisas que acreditas
À terra, às águas, à noite
Desmedida,
Uiva se quiseres,
Ao teu próprio ventre
Se é ele quem comanda
A tua vida, não importa,
Pede à mulher
Àquela que foi noiva
À que se fez amiga,
Abre a tua boca, ulula
Pede à chuva
Ruge
Como se tivesses no peito
Uma enorme ferida
Escancara a tua boca
Regouga: A ALMA. A ALMA DE VOLTA.

VIII

Lobos? São muitos.
Mas tu podes ainda
A palavra na língua

Aquietá-los.

Mortos? O mundo.
Mas podes acordá-lo
Sortilégio de vida
Na palavra escrita.

Lúcidos? São poucos.
Mas se farão milhares
Se à lucidez dos poucos
Te juntares.

Raros? Teus preclaros amigos.
E tu mesmo, raro.
Se nas coisas que digo
Acreditares.

IX

homenagem a
Piotr Yakir

Ao teu encontro, Homem do meu tempo,
E à espera de que tu prevaleças
À rosácea de fogo, ao ódio, às guerras.
Te cantarei infinitamente

À espera de que um dia te conheças
E convides o poeta e a todos esses
Amantes da palavra, e os outros,
Alquimistas, a se sentarem contigo
À tua mesa. As coisas serão simples
E redondas, justas. Te cantarei
Minha própria rudeza
E o difícil de antes,
Aparências, o amor
Dilacerado dos homens
Meu próprio amor que é o teu
O mistério dos rios, da terra
Da semente. Te cantarei Aquele
Que me fez poeta e que me prometeu

Compaixão e ternura e paz na Terra
Se ainda encontrasse em ti, o que te deu.

X

Amada vida:
Que essa garra de ferro
Imensa
Que apunhala a palavra
Se afaste
Da boca dos poetas.
PÁSSARO-PALAVRA
LIVRE
VOLÚPIA DE SER ASA
NA MINHA BOCA.

Que essa garra de ferro

Imensa
Que me dilacera

Desapareça
Do ensolarado roteiro
Do poeta.
PÁSSARO-PALAVRA
LIVRE
VOLÚPIA DE SER ASA
NA MINHA BOCA.

Que essa garra de ferro
Calcinada

Se desfaça
Diante da luz
Intensa da palavra.

PALAVRA-LIVRE
Volúpia de ser pássaro

Amada vertiginosa.

Asa.

XI

Se o teu, o meu, o nosso do tigre
Se fizesse livre, como seria?

Se convivesses unânime
Como as estrias do dorso

Desse tigre
Convivem com seu todo

Te farias mais garra?
Mais crueza? Ou nasceria
Em ti uma outra criatura
Límpida, solar, ígnea?

Tentarias a sorte de saltar
Em direção a Vega, Canopus?
Te chamarias tigre ou Homem?

Homem: reverso da compulsória
Fome do tigre.
Homem: alado e ocre

Pássaro da morte.

XII

Vou indo, caudalosa
Recortando de mim
Inúmeras palavras.
Vou indo, recortando
Alguns textos antigos
Onde a faca finíssima
Sublinhava
As legendas políticas
E um punhal incisivo
Apunhalava
Um corpo amolecido
O olho aberto, uma bota

Pontiaguda
Entrando no teu peito.
Os meus olhos te olhavam
Como decerto o Cristo
Te olhou, piedade
Compaixão infinita
Ah, meu amigo
Que límpida paixão
Que divina vontade
Fervor feito de lava
Fogo sobre a tua fronte
Tanto amor
E não te deram nada.
Deram-te sim
Ferocidade, grito
E sobre o corpo
Chagas
E mãos enormes, garras
Te levantando o rosto
E inúmeras palavras
Tão inúteis na noite.

Diziam que adolescência
Moldou a tua ideia
Que eras como um menino
De encantada imprudência
Loucura caminhares
Na trilha da floresta
Sem luminosa armadura.
Mas eu, poeta, vou indo
Caudalosa
Recortando as palavras
Tão inúteis
E os meus olhos de treva
Vão te olhando

E te guardo no peito
Intenso, aberto
Colado a mim
Homem-Amor
Inteiro permanência
No todo despedaçado
Do poeta.

XIII

Ávidos de ter, homens e mulheres
Caminham pelas ruas. As amigas sonâmbulas
Invadidas de um novo a mais querer
Se debruçam banais, sobre as vitrines curvas.
Uma pergunta brusca
Enquanto tu caminhas pelas ruas. Te pergunto:
E a entranha?
De ti mesma, de um poder que te foi dado
Alguma coisa clara se fez? Ou porque tudo se perdeu
É que procuras nas vitrines curvas, tu mesma,
Possuída de sonho, tu mesma infinita, maga,
Tua aventura de ser, tão esquecida?
Por que não tentas esse poço de dentro
O incomensurável, um passeio veemente pela vida?

Teu outro rosto. Único. Primeiro. E encantada
De ter teu rosto verdadeiro, desejarias nada.

XIV

> *Não há bombas limpas.*
> MÁRIO FAUSTINO

Bombas limpas, disseram? E tu sorris
E eu também. E já nos vemos mortos
Um verniz sobre o corpo, limpos, estáticos,
Mais mortos do que limpos, exato
Nosso corpo de vidro, rígido
À mercê dos teus atos, homem político.
Bombas limpas sobre a carne antiga.
Vitral esplendente e agudo sobre a tarde.
E nós na tarde repensamos mudos
A limpeza fatal sobre nossas cabeças
E tua sábia eloquência, homens-hienas

Dirigentes do mundo.

XV

Leopardos e abstrações rondam a Casa.
E as mãos, o ato puro pretendendo. Ainda
Que eu soubesse o que tudo vem a ser,
A ideia, a garra, de mim mesma não sei
A fonte que gerou tais coisas nesta tarde.
Leopardos e abstrações. Que vêm a ser?
Roxura, ansiedade? Memórias de Qadós,
Soberba e desafio se fazendo ronda
Plúmbeo Qadós diante da luz de Deus?
Se as tardes se fizessem meninice
Para que eu descansasse. Se as mãos
Fossem as mãos de Agda, eu decerto cavava.

E morrendo, descobria a mim mesma
Me fazendo leopardo e abstração
Na ociosa crueza desta tarde.

XVI

Enquanto faço o verso, tu decerto vives.
Trabalhas tua riqueza, e eu trabalho o sangue.
Dirás que sangue é o não teres teu ouro
E o poeta te diz: compra o teu tempo

Contempla o teu viver que corre, escuta
O teu ouro de dentro. É outro o amarelo que te falo.
Enquanto faço o verso, tu que não me lês
Sorris, se do meu verso ardente alguém te fala.
O ser poeta te sabe a ornamento, desconversas:
"Meu precioso tempo não pode ser perdido com os poetas".
Irmão do meu momento: quando eu morrer
Uma coisa infinita também morre. É difícil dizê-lo:
MORRE O AMOR DE UM POETA.
E isso é tanto, que o teu ouro não compra,
E tão raro, que o mínimo pedaço, de tão vasto,

Não cabe no meu canto.

XVII

Tudo demora. E tudo é véspera e nostalgia
Desse Agora, quando tu pensas que tudo se demora.

E porisso, noviça, aos poucos conhecendo
Repouso e brevidade desta vida, do meu ficar a sós

Pretendo apenas, fruir apesares e partidas

E júbilo também

Porque o instante consente essas duplas medidas.

Noviça da minha hora. Os rios correndo, o charco
Soterrando minúcias, quem sabe a minha memória
Conivências, o ouro do meu canto, irmãos
Dionísio e Túlio. Os rios correndo. E todos os poemas,
Fascinação de amantes e de amigos, os caminhos de volta
Pretendendo.

DA MORTE. ODES MÍNIMAS

(1980)

Rinoceronte elefante
Vivi nos altos de um monte
Tentando trazer teu gesto
Teu horizonte
Para o meu deserto.

Um peixe raro de asas
As águas altas
Um aguado de malva
Sonhando o Nada.

Fui pássaro e onça
Criança e mulher.
Numa tarde de sombras
Fui teu passo.

E descansavas nos meus costados.
Um ramo verde minha bandeira
No meu vestido uns encarnados
Docilidade tua
Eu tua inteira.

Montado sobre as vacas
Meu duplo e eu.
E guarda-sóis de fogo
E um sol de fráguas.

Mas cérebro e cascos
No breu.

Sonhei que te cavalgava, leão-rei.
Em ouro e escarlate
Te conduzia pela eternidade
À minha casa.

DA MORTE.
ODES MÍNIMAS

Dedicado à memória de
Ernest Becker
Christina Figueiredo

I

Te batizar de novo.
Te nomear num trançado de teias
E ao invés de Morte
Te chamar   Insana
               Fulva
               Feixe de flautas
               Calha
               Candeia
Palma, por que não?
Te recriar nuns arco-íris
Da alma, nuns possíveis
Construir teu nome
E cantar teus nomes perecíveis:
               Palha
               Corça
               Nula
               Praia
Por que não?

II

Demora-te sobre minha hora.
Antes de me tomar, demora.
Que tu me percorras cuidadosa, etérea
Que eu te conheça lícita, terrena

Duas fortes mulheres
Na sua dura hora.

Que me tomes sem pena
Mas voluptuosa, eterna
Como as fêmeas da Terra.

E a ti, te conhecendo
Que eu me faça carne
E posse
Como fazem os homens.

III

Pertencente te carrego:
Dorso mutante, morte.
Há milênios te sei
E nunca te conheço.
Nós, consortes do tempo
Amada morte
Beijo-te o flanco
Os dentes
Caminho candente a tua sorte
A minha. Te cavalgo. Tento.

IV

Vinda do fundo, luzindo
Ou atadura, escondendo,
Vindo escura
Ou pegajosa lambendo
Vinda do alto

Ou das ferraduras
Memoriosa se dizendo
Calada ou nova
Vinda da coitadez
Ou régia numas escadas
Subindo

Amada
Torpe
Esquiva

Bem-vinda.

V

Túrgida-mínima
Como virás, morte minha?

Intrincada. Nos nós.
Num passadiço de linhas.
Como virás?

Nos caracóis, na semente
Em sépia, em rosa mordente
Como te emoldurar?

Afilada
Ferindo como as estacas
Ou dulcíssima lambendo

Como me tomarás?

VI

Ferrugem esboçada

Perfil sem dracma
Crista pontuda
No timbre liso

Um oco insuspeitado
Na planície

Um cisco, um nada
À tona das águas

Brevíssima contração:
Te reconheço, amada.

VII

Perderás de mim
Todas as horas

Porque só me tomarás
A uma determinada hora.

E talvez venhas
Num instante de vazio
E insipidez.
Imagina-te o que perderás
Eu que vivi no vermelho
Porque poeta, e caminhei
A chama dos caminhos

Atravessei o sol
Toquei o muro de dentro
Dos amigos

A boca nos sentimentos

E fui tomada, ferida
De malassombros, de gozo

Morte, imagina-te.

VIII

Lenho, olaria, constróis
Tua casa no meu quintal.
E desde sempre te espio

Linhos e cal tua cara
Lenta tua casa

Nova crescendo agora
Nos meus cinquenta.
E madeirames e telhas
E escadas, tuas rijezas

Tuas costas altas

Vezenquando te volteias
Para que eu não me esqueça

Do instante cego

Quando me pedirás companhia.
Eu não me esqueço.
Te espio de hora em hora

Casa e começo, tua cara,
A qualquer tempo te reconheço.

IX

Os cascos enfaixados
Para que eu não ouça
Teu duro trote.
É assim, cavalinha,
Que me virás buscar?
Ou porque te pensei
Severa e silenciosa
Virás criança
Num estilhaço de louças?
Amante
Porque te desprezei?
Ou com ares de rei
Porque te fiz rainha?

X

De sandálias de palha
Pães pretos e esteira

Um dia, para recebê-la.

De sutis seduções
A palavra de ouro, de cereja

Me calo para recebê-la.

Depois me deito
Entre cordas e estanhos
E sonho pátios, guetos

Ínfimos sapatos
Sobre as ilusões.

E então te abraço.
Ombro, cancela
Me fecho para recebê-la.

XI

Levarás contigo
Meus olhos tão velhos?
Ah, deixa-os comigo
De que te servirão?

Levarás contigo
Minha boca e ouvidos?
Ah, deixa-os comigo
Degustei, ouvi
Tudo o que conheces

Coisas tão antigas.

Levarás contigo

Meu exato nariz?
Ah, deixa-o comigo
Aspirou, torceu-se
Insignificante, mas meu.

E minha voz e cantiga?
Meu verso, meu dom
De poesia, sortilégio, vida?
Ah, leva-os contigo.
Por mim.

XII

Por que não me esqueces
Velhíssima-Pequenina?
Nas escadas, nas quinas
Trancada nos lacres
No ocre das urnas
Por que não me esqueces
Menina-Morte?

Sempre à minha procura.
Tua rede de avenças
Teu crivo, coágulo
Tuas tranças negras

Por que não viajas
No líquido cobre
Da tua espessura?

E por que soberba
Se te procuro
Te fechas?

XIII

Funda, no mais profundo do osso.
Fina, na tua medula
No teu centro-ovo. Rasa, poça d'água
Tina. Longa, pele de cobra, casca.
Clara numas verticais, num vazado sol
Da tua pupila. Paciente, colada às pontes
Onde devo passar atada aos pertences da vida.
Em tudo és e estás.

XIV

Porque é feita de pergunta
De poeira

Articulada, coesa
Persigo tua cara e carne
Imatéria.

Porque é disjunta
Rompida
Geometral se faz dupla
Persigo tua cara e carne
Resoluta.

Porque finge que franqueia
Vestíbulo, espaço e casa
Se sobrepondo de cascas
Gaiolas, grades

Máscara tripla
Persigo tua cara e carne.

Comigo serrote e faca.

XV

Como se tu coubesses
Na crista
No topo
No anverso do osso

Tento prender teu corpo
Tua montanha, teu reverso.

Como se a boca buscasse
Seus avessos
Assim te busco
Torsão de todas as funduras.

Persecutória te sigo
Amarras, músculo.
E sempre te assemelhas
A tudo que desliza, tempo,
Correnteza.

Na minha boca. Nos ocos.
No chanfrado nariz.
Rio abaixo deslizas, limo
Toco, em direção a mim.

XVI

Cavalo, búfalo, cavalinha
Te amo, amiga, morte minha,
Se te aproximas, salto
Como quem quer e não quer
Ver a colina, o prado, o outeiro
Do outro lado, como quem quer
E não ousa
Tocar teu pelo, o ouro

O coruscante vermelho do teu couro
Como quem não quer.

XVII

Rasteja, voa, passeia
Com toda lenteza
Sobre a minha Ideia.

Em espiral
Oblonga, retilínea
Te recrio terra
Sobre a minha Ideia.

(Caracol de sumos
   Andorinha
   Crina).

Vagueia sobre a minha Ideia.
E não sei se flui

Poreja

Única, primeira
Num mosaico de teias.

Se infinita sobre a minha Ideia
Se assemelha à Vida.

XVIII

Te vi
Atravessando as muradas
Montada no teu cavalo
Acrobata de guarda-sóis.
(Eu era noite e não via.)
Te vi levíssima
Descendo numas aguadas
Lenta descendo como os anzóis.
(Eu era peixe e sabia.)
Te vi semente de som
E te tomei. Patas, farpas
Jato de sol, açoite
Borbulho nas águas frias.
Tu eras morte.

XIX

Se eu soubesse
Teu nome verdadeiro

Te tomaria
Úmida, tênue

E então descansarias.

Se sussurrares
Teu nome secreto
Nos meus caminhos
Entre a vida e o sono,

Te prometo, morte,
A vida de um poeta. A minha:
Palavras vivas, fogo, fonte.

Se me tocares
Amantíssima, branda
Como fui tocada pelos homens

Ao invés de Morte
Te chamo Poesia
Fogo, Fonte, Palavra viva
Sorte.

XX

Teu nome é Nada.
Um sonhar o Universo
No pensamento do homem:
Diante do eterno, nada.

Morte, teu nome.
Um quase chegar perto.

Um pouco mais (me dizem)
E terias o Todo no teu gesto.
Um pouco mais, tu O terias visto.

Teu nome é Nada.
Haste, pata. Sem ponta, sem ronda.
Um pensar duas palavras diante da Graça:
Terias tido.

XXI

Por que vens ao meio-dia
De cornadura galopando conchas
De cornetim à frente da minha casa
Corta-capim, corta-águas?
Descansa. Faz entrepausa.
Colhe matiz, faz nuança.
Porque até no que não vejo
Te vejo. Corpo de ar e marfim
Boca, palato

Sempre colada, sempre colada.

XXII

Não me procures ali
Onde os vivos visitam
Os chamados mortos.
Procura-me

Dentro das grandes águas
Nas praças
Num fogo coração
Entre cavalos, cães,
Nos arrozais, no arroio
Ou junto aos pássaros
Ou espelhada
Num outro alguém,
Subindo um duro caminho

Pedra, semente, sal
Passos da vida. Procura-me ali.
Viva.

XXIII

Porque conheço dos humanos
Cara, Crueza,
Te batizo Ventura
Rosto de ninguém
Morte-Ventura
Quando é que vem?

Porque viver na Terra
É sangrar sem conhecer
Te batizo Prisma, Púrpura
Rosto de ninguém
Unguento
Duna
Quando é que vem?

Porque o corpo

É tão mais vivo quando morto
Te batizo Riso
Rosto de ninguém
Sonido
Altura
Quando é que vem?

XXIV

No meio-dia te penso.
Íntima te pretendo.
Incendiada de mim
Contigo morrendo
Te sei lustro marfim e sopro.
E te aspiro, te cubro de sussurros
Me colo extensa sobre tua cabeça
Morte, te tomo.

E num segundo
Ouvindo novamente os sons da vida
Nomes, latidos, passos
Morte, te esqueço.
E intensa me retomo sob o sol.

XXV

Onde nasceste, morte?
Que cores, ocaso e monte?
E os pulsos que te arrancaram

Do mais escuro. De carne?
Te alimentavas
De amêndoas negras? Havia águas?
Vagidos, choros,
Empelicada como nasce a vida?
Se querias, tocavas?
E sendo criança
Não tocavas em tudo
E o instante se fazia
Insipidez e nada?

E velhíssima agora
Conhecendo todos os tatos
Agonia, terror e pasmo

Saciada

Por que não partes?

XXVI

Durante o dia constrói
Seu muro de girassóis.
(Sei que pretende disfarce
   E fantasia.)
Durante a noite,
Fria de águas
Molhada de rosas negras
Me espia.
Que queres, morte,
Vestida de flor e fonte?

— Olhar a vida.

XXVII

Me cobrirão de estopa
Junco, palha,
Farão de minhas canções
Um oco, anônima mortalha
E eu continuarei buscando
O frêmito da palavra.

E continuarei
Ainda que os teus passos
De cobalto
Estrôncio
Patas hirtas
Devam me preceder.

Em alguma parte
Monte, serrado, vastidão
E Nada,
Eu estarei ali
Com a minha canção de sal.

XXVIII

Ah, negra cavalinha
Flanco de acácias
Dobra-te para a montaria
Porque me sei pesada
De perguntas, negras favas
Entupindo-me a boca
E no bojo um todo averso

Uns adversos de nojo:
Que rumos? Que calmarias?
Me levas pra qual desgosto?
Há luz? Há um deus que me espia?
Vou vê-lo agora montada alma
Sobre as tuas patas? Tem rosto?
Dobra-te mansa
Porque me sei pesada. De vida.
De fundura de poço. E porque
Um poeta não sabe montar a morte
Ainda que seja a minha:
Flanco de acácias.
Negra cavalinha.

XXIX

Te sei. Em vida
Provei teu gosto.
Perda, partidas
Memória, pó

Com a boca viva provei
Teu gosto, teu sumo grosso.
Em vida, morte, te sei.

XXX

Juntas. Tu e eu
Duas adagas

Cortando o mesmo céu.
Dois cascos
Sofrendo as águas.

E as mesmas perguntas.

Juntas. Duas naves
Números
Dois rumos
À procura de um deus.

E as mesmas perguntas
No sempre
No pasmoso instante.

Ah, duas gargantas
Dois gritos
O mesmo urro
De vida, morte.

Dois cortes.
Duas façanhas.
E uma só pessoa.

XXXI

Nos veremos de frente:
As gargantas vítreas
Plexo e ventre.
De todos os lados:
Dorso de nós duas
Flanco e braços.

As grandes palavras
Trancadas e vivas
No meu peito baço.

XXXII

Por que me fiz poeta?
Porque tu, morte, minha irmã,
No instante, no centro
de tudo o que vejo.

No mais que perfeito
No veio, no gozo
Colada entre mim e o outro.
No fosso
No nó de um ínfimo laço
No hausto
No fogo, na minha hora fria.

Me fiz poeta
Porque à minha volta
Na humana ideia de um deus que não conheço,
A ti, morte, minha irmã,
Te vejo.

XXXIII

Esboçava-se.
Escorria líquido.
Era vidro.

Amava torpe.
Mesquinho te amava.
Era um vivo.

Luzente ofuscava
De vermes e asas
Vivo, silente,
Alquimia de fogo:
De pedra fria
A gozo.

Dirias morto?

XXXIV

Tão escuramente caminha
À beira-lágrima
Dentro do meu ser

Que já não sei
De onde me veio ou vinha
Vontade minha de te conhecer.

Hoje tão escuramente
Passeias, tardas, te arrastas
Num vasto alheamento
Dentro do meu ser

Que já não sei
Se te pensar foi gesto
Para inda mais ferir
Minha própria mágoa.

Por que, pergunto, estando viva
Devo eu morrer?
Por que, se és morte,
Deves me perseguir?

Aquieta-te, afunda-te
Morre, pequenina,
Escuramente
Dentro do meu sofrer

XXXV

Ah, se eu soubesse de nuvens
Como te sei no hoje, morte minha,
Diria que me perseguem
Para escurecer
Essas caras de neve.
Diria que se detêm
Sobre a minha casa
Para ensombrar a alma. A minha.
E espalhadas
Diria que se avizinha
O cerco. A paliçada.
Que estou muda no além
Num sofrido perfil.
Nítida. Sozinha.

Se eu soubesse de nuvens
Como te sei
Não diria o que disse
Nem faria o poema. Olhava apenas.

XXXVI

Um peixe lilás e malva
Num claro cubo
De sons e água.

Assim te mostrarás.

Um perfil curvo.
Soma de asas.
Um quase escuro
Sobre as vidraças.

E fios e linhas
Trançando máscaras
Para a minha cara:
Rubra mandala
Para um perfil.

Então ajusto
Para o mergulho
Cores e máscara.
Sou eu. Um peixe rubro

E um outro lilás e malva.

XXXVII

Não compreendo. Apenas
Tento
Somar meu corpo

A teu corpo negro
Minhas águas
A teu remo
E cascos, os meus,
E luzes de um dia
E ânus, regaço
Somar
A teu matiz cobreado
Tua garra fria.

Não compreendo. Apenas
Tento
(Suor, subida, cascalho
Seca)
Somar teu corpo
A meu pensamento.

XXXVIII

No coração, no olhar

Quando se tocarem
Pela primeira vez
Aqueles que se amam

Eu estarei

Nas grandes luas
Nas tardes
Nas pequenas canções
Nos livros

Eu e minha viva morte
Estaremos ali
Pela primeira vez.

Dirão:
Um poeta e sua morte
Estão vivos e unidos
No mundo dos homens.

Na madrugada
Pela primeira vez

Em amor

Tocada.

XXXIX

Uns barcos bordados
No último vestido
Para que venham comigo
As confissões, o riso
Quietude e paixão
De meus amigos.

Porque guardei palavras
Numa grande arca
E as levarei comigo

Peço uns barcos bordados
No último vestido
E vagas

Finas, desenhadas
Manso friso

Como as crianças desenham
Em azul as águas.

Uns barcos
Para a minha volta à Terra:
Este duro exercício
Para o meu espírito.

XL

Lego-te os dentes.
Em ouro, esmalte e marfim.

Entre sarrafos e palha
O baço dos meus ossos.

Procura na tua balança
Minha couraça. Meu bandolim.
Escrita e torso.

Pesa-me a mim. Minhas funduras
E o gume do meu desgosto.

Procura, na minha hora,
Entre sarrafos e palha

O que restou de mim
À tua procura.

TEMPO — MORTE

I

Corroendo
As grandes escadas
Da minha alma.
Água. Como te chamas?
        Tempo.

Vívida antes
Revestida de laca
Minha alma tosca
Se desfazendo.
Como te chamas?
        Tempo.

Águas corroendo
Caras, coração
Todas as cordas do sentimento.
Como te chamas?
        Tempo.

Irreconhecível
Me procuro lenta
Nos teus escuros.
Como te chamas, breu?
        Tempo.

II

Passará
Tem passado
Passa com a sua fina faca.

Tem nome de ninguém.
Não faz ruído. Não fala.
Mas passa com a sua fina faca.

Fecha feridas, é unguento.
Mas pode abrir a tua mágoa

Com a sua fina faca.

Estanca ventura e voz
Silêncio e desventura.
Imóvel
Garrote
Algoz

No corpo da tua água passará
Tem passado
Passa com a sua fina faca.

III

Calmoso, longal e rês
Tu não o sentes
Nem vês.

Atravessa lerdo
O adro do teu desgosto.

Na jubilância escorrega
Mas depois passa
Furioso. Passou. Assovio? Seta?

Teus dentes. Teu sapato novo.
O branco da tua casa.
Tua voz adolescente.
Ele carrega memória e concretude.

Vasto atravessa.

IV

Desde que nasci, comigo:
Tempo-Morte.
Procurar-te
É estar montado sobre um leopardo
E tentar caçá-lo.

Minha tua garra.
Teu matiz de dentro.
Tua lanhada.
Nossa companhia.
Passo de luz e negro.
Dentes. Arcada.

Dois nítidos
À caça de um Nada.

V

Fatia, tonsura, pinça
Nunca te sei inteiro

Tempo-Morte.
Jamais teu todo, teu pelo
A intrincada cabeça do teu nojo.
Sempre a rasura no texto seco

Ou gorda eloquência
Sobre a tua figura.

Opaca detenho-me
No vazio do cesto.
Tateio debruçada
Fiapos de palha, sobras
Coagulada retorno
Aos arrozais da página.

Ponta dos dedos, pulsão
Até quando teu capuz
Diante de um cego?

**À TUA FRENTE.
EM VAIDADE.**

I

E se eu ficasse eterna?
Demonstrável
Axioma de pedra.

II

Se me alongasse
Como as palmeiras

E em leque te fechasse?

III

E crivada de hera?
Mas só pensada
Em matemática pura.

IV

E lívida
Em organdi
Entre os escombros?
Indefinível como criatura.

Eternamente viva.

V

E te abrindo ao meio
Como as carrancas
Na proa das barcas?

Pesada com a anta
Te espremendo.
Guano sobre a tua cara.

CANTARES DE PERDA E PREDILEÇÃO

(1983)

... en líquido humor viste y tocaste
mi corazón deshecho entre tus manos.

A mí, no el saber (que aún no sé), solo el
desear saber me ha costado gran trabajo.

SÓROR JUANA INÉS DE LA CRUZ*

---

* O primeiro excerto vem do poema "En que satisface un recelo con la retórica del llanto". O segundo faz parte do seguinte trecho de *Respuesta a Sor Filotea*: "*En esto sí confieso que ha sido inexplicable mi trabajo; y así no puedo decir lo que con envidia oigo a otros: que no les ha costado afán el saber. ¡Dichosos ellos! A mí, no el saber (que aún no sé), sólo el desear saber me le ha costado tan grande que pudiera decir con mi Padre San Jerónimo (aunque no con su aprovechamiento)* [...]" (N. E.)

À memória de Ernest Becker

I

Vida da minha alma:
Recaminhei casas e paisagens
Buscando-me a mim, minha tua cara.
Recaminhei os escombros da tarde
Folhas enegrecidas, gomos, cascas
Papéis de terra e tinta sob as árvores
Nichos onde nos confessamos, praças.

Revi os cães. Não os mesmos. Outros
De igual destino, loucos, tristes,
Nós dois, meu ódio-amor, atravessando
Cinzas e paredões, o percurso da vida.

Busquei a luz e o amor. Humana, atenta
Como quem busca a boca nos confins da sede.
Recaminhei as nossas construções, tijolos
Pás, a areia dos dias.

E tudo que encontrei te digo agora:
Um outro alguém sem cara. Tosco. Cego.
O arquiteto dessas armadilhas.

II

Que dor desses calendários
Sumidiços, fatos, datas
O tempo envolto em visgo
Minha cara buscando
Teu rosto reversivo.

Que dor no branco e negro
Desses negativos
Lisura congelada do papel
Fatos roídos
E teus dedos buscando
A carnação da vida.

Que dor de abraços
Que dor de transparência
E gestos nulos
Derretidos retratos
Fotos fitas

Que rolo sinistroso
Nas gavetas.

Que gosto esse do Tempo
De estancar o jorro de umas vidas.

III

Se a tua vida se estender
Mais do que a minha
Lembra-te, meu ódio-amor,
Das cores que vivíamos
Quando o tempo do amor nos envolvia.
Do ouro. Do vermelho das carícias.
Das tintas de um ciúme antigo
Derramado
Sobre o meu corpo suspeito de conquistas.
Do castanho de luz do teu olhar
Sobre o dorso das aves. Daquelas árvores:
Estrias de um verde-cinza que tocávamos.

E folhas da cor de tempestades
Contornando o espaço
De dor e afastamento.

Tempo turquesa e prata
Meu ódio-amor, senhor da minha vida.
Lembra-te de nós. Em azul. Na luz da caridade.

IV

Lobos
Lerdos leopardos
Cadelas

Ternuras velhas

Nós, lado a lado
Num sumidouro de linhas
E ponteiros de pedra.

Enrodilhados
Escuros
Famintos de nossas sombras
Nas aldeias antigas.

Lobo
Leopardo-cadela

Ternuras velhas

Tu e eu desenhados
Treliças e telas
Nas tintas da conquista.

V

Me vias
Partida ao meio.
A cara das emboscadas
Dizias
Essa era a cara do meu desejo.

E possuías
O inteiriço, o Narciso
Tu mesmo e tua fantasia.
Um fronteiriço de linhas
Que se pensavam contíguas.

Me vias dura, vestida
De lãs e de campainhas.
Sobre o teu vale eu passava
Em chagas, sem parceria.

Passava, sim.
Mas nua, queimada
Do amor que tu me tiravas.

VI

Eu não te vejo
Quando teu ódio aflora.
Como poderia
Ver teu ódio e a ti

Iludida
Por uma só labareda da memória?

Cegos, não somos dois.
Apenas pretendemos.
Devorados e vastos
Temos um nome: EFÊMERO

VII

E se leopardos e tigres
Convivessem

E se no mundo houvesse
Lonjura de cordas
Para amarrar torres vastas
(as incansáveis crias do desejo)

E se águas não fossem molhadas
E o que fosse montanha
Ao invés de altura
Se fizesse rasa

Se o fogo não tragasse
Sua própria espessura
E a lucidez perfeita
Não fosse embriaguez

Do teu excesso
E da minha loucura
Um caminho adequado
Em direção a Deus.

VIII

Me vinha:
Que se tecesse
Hastes de compaixão
Corolas de caridade

Sopro e saudade tecidos
Na rede do coração

Eu nunca mais sentiria
Teu nome de hostilidade.

Me vinha:
Se desfizesse
O que já trançado tinha

Meu nome é que ficaria
Amor na tua eternidade.

Então teci
Sóis e vinhas:
Ouro-escarlate-paixão

E consumida de linhas
Enovelada de ardência
Te aguardo às portas da minha cidade.

IX

E atravessamos portas trancadas.
Esteiras pedras e cestos

Espreitam
Nossas passadas.
E amamos como quem sonha
Cancelas de sal e palha
Prendendo o sono.

Assim te amo. Sabendo.
Degelo prendendo as águas.

X

E a língua lambe
A cria que se feriu
De puro arrojo
E altaneria.
De gozo, sabor e nojo
Desta conquista de mim.
De tua companhia.

Cadentes teu passo e o meu
Temos a marcha de dois caminhos
De pelo e breu.
Lentos, tenazes
Em nós demora-se
O amor e a cólera.

A crueldade.
Que é o som de Deus.

XI

Faremos deste modo
Para que as mãos não cometam
Os atos derradeiros:

Envolveremos as facas e os espelhos
Nas lãs dobradas, grossas.
E de alongadas nódoas, o ressentimento.

Pintadas as caras num matiz de gesso
Recobriremos corpo, carne
Na tentativa cálida, multiforme
Na rubra pastosidade

De um toque sem sofrimento.

E afinal
Cara a cara (espelho e faca)
De nossas duplas fomes
Não diremos.

XII

Um cemitério de pombas
Sob as águas
E águas-vivas na cinza

Ósseas e lassas sobras
Da minha e da tua vida.

Um pedaço de muro
Na enxurrada
Prumos soterrados, nascituros
No céu

Indecifráveis sobras
Da minha e da tua vida.

Um círculo sangrento
Uma lua ferida de umas garras
Assim de nós dois o escuro centro.

E no abismo de nós
Havia sol e mel.

XIII

E batalhamos.
Dois tigres
Colados de um só deleite
Estilhaçando suas armaduras
Amor e fúria
Carícia, garra

Tua luz

E a centelha rara
De um corpo e duas batalhas.

XIV

Como se desenhados
Tu
E o de dentro da casa.
Entro
Como se entrasse
No papel adentro

E sem ser vista
Rasgo
Alguns véus e fibras

Sem ser amada
Pertenço.

Que sobreviva
O fino traço de tua presença.
Aroma. Altura.
E lacerada eu mesma

Que jamais se perceba
Umas gotas de sangue na gravura.

XV

Para poder morrer
Guardo insultos e agulhas
Entre as sedas do luto.

Para poder morrer
Desarmo as armadilhas

Me estendo entre as paredes
Derruídas.

Para poder morrer
Visto as cambraias
E apascento os olhos
Para novas vidas.

Para poder morrer apetecida
Me cubro de promessas
Da memória.

Porque assim é preciso
Para que tu vivas.

XVI

Se o mel escorresse
Da boca do tigre
Transmutando listras
Talho
Num lagar de meiguice

O incisor em nós
As sinistras punturas

Os alanhados, meu ódio-amor,
Um clarão de carícias
Entre as partituras.

Se o rugidor em nós
Se somasse à névoa
À calmaria da velhice

Nos outeiros do espaço
O rugido da vida.
Um barco. E o número par.

XVII

Os juncos afogados
Um cão ferido
As altas paliçadas
Devo achar a palavra
Companheira do grito.

Um risco n'água
Um pássaro aturdido
Entre o capim e a estrada

Um grande girassol
Explodindo entre as rodas

Imagens de mim
Na caminhada.

XVIII

Para tua fome

Eu teria colocado meu coração
Entre os ciprestes e o cedro

E tu o encontrarias
Na tua ronda de luta e incoesão:
A ronda que persegues.

Para tua sede
As nascentes da infância:
Um molhado de fadas e sorvetes.

E abriria em mim mesma
Uma nova ferida

Para tua vida.

XIX

Corpo de carne
Sobre um corpo de água.
Sonha-me a mim
Contigo debruçada
Sobre este corpo de rio.
Guarda-me
Solidão e nome

E vive o percurso
Do que corre
Jamais chegando ao fim.

Guarda esta tarde
E repõe sobre as águas
Teus navios. Pensa-me
Imensa, iluminada
Grande corpo de água

Grande rio
Esquecido de chagas e afogados.

Pensa-me rio.
Lavado e aquecido da tua carne.

XX

Soberbo
Libertas sobre o meu peito
Teu cavalo cego.
E pontas e patas
Tentam enlaçadas
Furtar-se às águas
Do sentimento.

Suja de espadas
Golpeada em negro

Sou tua cara e medo

Teu cavaleiro
Teu corpo
Tua cruzada.

XXI

De ossos
De altos pomos
De ódio e ouro

Doloso

Teu rosto
Sobre a minha cara
Crepuscular

Gozoso
Sobre o meu corpo

Criando magia e ponta

Para morrer
E fazer matar.

XXII

Toma para teu gozo
Este rio de saudade.
Nenhum recobrirá teu corpo
Com tamanha leveza
E com tal gosto

Ainda que sejam muitos
Os largos rios da Terra.

Toma para teu gozo
Minha dor e insanidade
De nunca voltar a ver
Meu próprio rosto.
E aguarda uma tarde sem tempo
Quando serei apenas retalhada

Um espelho molhado de umas águas.

XXIII

Eu amo Aquele que caminha
Antes do meu passo.
É Deus e resiste.

Eu amo a minha morada
A Terra triste.
É sofrida e finita
E sobrevive.

Eu amo o Homem-luz
Que há em mim.
É poeira e paixão
E acredita.

Amo-te, meu ódio-amor
Animal-Vida.
És caça e perseguidor
E recriaste a Poesia
Na minha Casa.

XXIV

Cavalos negros
Entre lençóis e abetos.
E machetadas as cartas

Repulsa e gosma
Entre as palavras.

E listras
Desejo
Pás

E leopardos de gelo
Entre a mó e o pelo.

E ainda assim
Altura, forquilha, tranco

Teu ódio-amor
Procura minha pegada.

XXV

Insensatez e sombra.
Foi o que se apossou de mim
Quando sonâmbula

Amoldei meus pés ao teu caminho.
Um distorcido de luzes e de lírios
Lagunas ruivas, vozes
Vindas de um não sei onde, vivas

Me fizeram supor que o teu caminho
Era a luz do meu passo, merecida
Porque de luta e a sós
Toda minha vida.

E agora sei que as palmas do martírio
É que brilhavam

E ruivos
Eram os lagos de nudez e sangue
E viva era minha própria voz
Maldizendo meu nome.

XXVI

De sacrifício
De conhecimento
Da carne machucada

Os joelhos dobrados
Frente ao Cristo

Meu canto compassado
De mulher-trovador.

Ai. Descuidado
Que palavras altas
Que montanha de mágoas
Que águas
De um venenoso lago
Tu derramaste
Nos meus ferimentos.

Que simetria, justeza
Para ferir-me a mim
Como se a cruz quisesse
De mim ser a moradia.

E eu canto
Porque é esse o destino

Da minha garganta.
E canto

Porque criança aprendi
Nas feiras: ave e mulher
Cantam melhor na cegueira.

XXVII

Amor agora
Meu inimigo.
Barco do olvido
Entre o teu ódio
E o meu navegar
Fico comigo.

Sopro, cadência
Meu hausto e mar
Navego a rocha
Somo o castigo
Deslizo, meu ódio-amigo,

Graça e alívio
De te alcançar.

XXVIII

Ronda tua crueldade.
Esconde, avança

Até que me descubras
Fissura rigorosa
Na tua garra
Ajustado tensor
Para tua lança.

Ronda meu abandono
Persegue
Trança meu desamparo
Sono e tua iniquidade.
Ritualiza a matança
De quem só te deu vida.

E me deixa viver
Nessa que morre.

XXIX

Faz de mim tua presa:
Raiz para o teu ódio
Amor para o meu navegar
E abrandado cessa
De lançar tua rede
Tua armadilha.

Faz de mim tua sombra
E injuria, sangra
Essa que te descansa
Na tua soberba escalada ao meio-dia.
Golpeia
Para amansar tua fina presa.

Faz de mim tua boca
E cobre de saliva
Tua cria de carne e solidão.
E abrandado cessa
Teu exercício de virtude e treva.

XXX

O Tempo e sua fome.
Volúpia e Esquecimento
Sobre os arcos da vida.
Rigor sobre o nosso momento.

O Tempo e sua mandíbula.
Musgo e furor
Sobre os nossos altares.
Um dia, geometrias de luz.
Mais dia nada somos.

Tempo e humildade.
Nossos nomes. Carne.
Devora-me, meu ódio-amor,
Sob o clarão cruel das despedidas.

XXXI

Barcas
Carregando a vida
Descendo as águas.

Passam pesadas
Distantes do poeta e de sua caminhada.

Barcas
Inundadas de afago
Nas águas da meiguice.
O fulgor dos cascos
Ilumina o dorso dos afogados:
Eu soterrada
Em aguaduras escuras de velhice.

Barca é o teu nome.
E passas.
Candente, clara
Navegas tua última viagem
Sobre o meu corpo molhado de palavras.

XXXII

Um coro de despedidas.
E apenas duas as vozes.
Um discursivo de muros
E algoz-olhares

Fundas aguadas
Subindo à tona
Das desmedidas.

E açoite
Sobre as lembranças.
E musgo, vísceras
Cobrindo o vínculo

Rútilo brilho das alianças.

E facas tão alongadas
Trilhas, estradas
Frias escarpas
AINDA para a tua volta.

XXXIII

Se te pronuncio
Retomo um Paraíso
Onde a luz se faz dor
E gelo a claridade.
Se te pronuncio
É esplendor a treva
E as sombras ao redor
São turquesas e sóis
Depois de um mar de perdas.

Vigio
Esta sonoridade dos avessos.
Que se desfaça o fascínio do poema
Que eu seja Esquecimento
E emudeça.

XXXIV

As águas, meu ódio-amor.
Uma boca de seixos

Um oco de palavras
Um sumidouro de fomes
E de asas
Teu ódio-escama
Sobre o meu desejo.

As águas, meu ódio-amor.
Mulheres afogadas
Eu-muitas
De litígio, escureza
E a sedução de me pensares
Presa
Me sabendo invasão.

E unguento sobre a tua mágoa.
Flores, graças
Para que os nossos corpos
Se lavem destas águas

Caridosos com a carne e as ilusões.

XXXV

Desgarrada de ti
Sou a sombra da Amada.
Das madeiras da casa
Farei barcas côncavas

E tingirei de negro
Os lençóis de fogo
Onde nos deitávamos

Velas
Bandeira para minhas barcas.

E de dureza e arrojo
Hei de chegar a um porto
De pedras frias.

Memória e fidelidade
Meu corpo-barca
Esmago contra as escarpas.

De luto e choros um dia
Verei tua boca beijando as águas
Teu corpo-barca. Minha trilha.

XXXVI

Pedras dentro das barcas
Favos trincados
Embaçando as águas

Ai que cuidados
Que fulgor de dentes
Para criar um espaço
De ausências no meu presente.

E envoltório de malhas
E escuros rosários
Feitos de sal e aço

Ai que cuidados
Para prender quem vive

Dessas cadeias

E morre
Só de pensar em não tê-las.

XXXVII

Quem é que ousa cantar, senhor,
Um ódio dito formoso?

Que raro fosso há de ser
O escuro melodioso

Esse tão meu, de sementes
De verdes dentro de um poço?

Que largueza incongruente
Nos versos, sem parecer

Que quem trova
Se fez demente.

Que altas novas
Este cantar de mulher:

Um ódio de esclarecer
Desejo que não se mostra.

Um ódio-fêmea, senhor,
É bem o fosso onde cresce a rosa:
A rara. De ódio-formoso.

XXXVIII

Toma-me ao menos
Na tua vigília.
Nos entressonhos.
Que eu faça parte
Das dores empoçadas
De um estendido de outono

Do estar ali e largar-se
Da tua vida.

Toma-me
Porque me agrada
Meu ser cativo do teu sono.
Corporifica
Boca e malícia.
Tatos.
Me importa mais
O que a ausência traz
E a boca não explica.

Toma-me anônima
Se quiseres. Eu outra
Ou fictícia. Até rapaz.
É sempre a mim que tomas.
Tanto faz.

XXXIX

Escreveste meu nome
Sobre a água?

A fogo, na alma
Desenhei o teu

Grafismo iluminado
Imantado e novo

Teu nome e o meu.

Novo
Porque nunca se viu
Nome tão pertencido.
Antigo porque há milênios
Se entrelaçaram justos
No infinito.

E raro
Porque tingido de um mosaico vivo
De danação e amor.

Teu nome.
Irmão do meu.

XL

De rispidez e altivo

Passeias teu passo predador
Sobre o meu peito
E sobre o meu deserto.
Minha alma a teu redor
Na muralha dos séculos.

De amplitude e fervor
A casa e sua candeia
Te aguardam.
Famintas dessa caça
E desse caçador.

Se há volúpia no mal
Trago as mãos cheias.
Um sol que se dissolve
E me incendeia.

E é sempre o mesmo fogo
A lenha, o mesmo mal.

XLI

Ouvia:
Que não podia odiar
E nem temer
Porque tu eras eu.
E como seria
Odiar a mim mesma

E a mim mesma temer

Se eu caminhava, vivia
Colada a quem sou
E ao mesmo tempo ser
Dessa de mim, inimiga?

Que não podia te amar
Tão mais do que pretendia.
Pois como seria ser

Pessoa além do que me cabia?

Que pretensões de um sentir
Tão excedente, tão novo
São questões para o divino

E ao mesmo tempo um estorvo
Pra quem nasceu pequenino.
Tu e eu. Humanos. Limite mínimo.

XLII

Atados os ramos
Os fios de linho
As fitas
Teci para nós
A coroa da vida.
Depois fiz a canção:
Gracejos, lascívia
E leveza
Foram primos irmãos
E noivos da conquista.
E de granito e sol
Me parecia o tempo
Dessas vidas.

Milênios no depois
Me soube iluminura
Entre os dedos dos mortos.
Poeira e entendimento
Sob a luz dos ossos.

XLIII

Ai que distância
Meu ódio-amor
Que dores
Que cintilâncias
De pena.
Tão a meu lado
Te penso
No entanto
Tão afastado

Como se a água ficasse
A um dedo da minha boca
E todo o deserto à volta
Me segurasse.

Tão triste e tão à vontade
Neste meu sol de martírios

Como se o corpo soubesse
Desses caminhos da sede
Porque nasceu conhecendo
Da paixão seu descaminho.

E brilhos no teu sadismo
E perdição na minha cara.
Que coloridos espinhos
Terás

Para a tua dura saudade.
Que tempestades de sede
Nos areais da procura

Quando saíres à caça
De quem te amou. De mim.

À caça do NUNCA MAIS.

XLIV

Lembra-te que morreremos
Meu ódio-amor.
De carne e de miséria
Esta casa breve de matéria
Corpo-campo de luta e de suor.

Lembra-te do anônimo da Terra
Que meditando a sós com seus botões
Gravou no relógio das quimeras:
"É mais tarde do que supões".

Porisso
Mata-me apenas em sonhos.
Podes dormir em fúria pela eternidade
Mas acordado, ama. Porque a meu lado
Tudo se faz tarde: amor, gozo, ventura.

XLV

Que no poema ao menos
Viscosidade e luz

De nós dois, criaturas,
Recriem seu momento.

Que da desordem
De dois encantamentos
Do visgo, do vidro
De palavras duras

Coabitem
O tosco e o transparente.

E desconforto e gosto
Disciplina e paixão
Discursivo e ciência

Construam pelo menos no poema
A vizinhança dessas aparências.

XLVI

Talvez eu seja
O sonho de mim mesma.
Criatura-ninguém
Espelhismo de outra
Tão em sigilo e extrema
Tão sem medida
Densa e clandestina

Que a bem da vida
A carne se fez sombra.

Talvez eu seja tu mesmo
Tua soberba e afronta.

E o retrato
De muitas inalcançáveis
Coisas mortas.

Talvez não seja.
E ínfima, tangente
Aspire indefinida
Um infinito de sonhos
E de vidas.

XLVII

Dorme o tormento
O Eterno dorme suspenso
Sobre as ideias e inventos

Só eu não durmo
Pra te pensar.

Dormem perjuros
E vanidades e urnas
Dormem os medos
E califados e ventres
Dormem ardentes
Os loucos, pátios adentro

Só eu não durmo
Pra te pensar.

Dormem ativas
As dobradiças
De mil bordéis e conventos

E pêndulos dormindo ao tempo

Só eu não durmo
Pra te pensar.

E agora escura
Do jugo dos sentimentos
Irreversiva, suicida
Tateio aquele rochedo
Do ódio de desamar.

XLVIII

Teu livre-arbítrio, meu ódio-amor?
O distendido flanco do tigre
Sobre teu peito vivo.

Esculpida alvorada.
Tua pretensa caça
Na cara de granito.
Não é a mim que persegues
Nem és tu aquele que persigo.
Os amantes se entregam
Àquele corpo cruel mas perseguido

Armadura de garra e de delícias
Corpo listrado de mel.

Meu livre-arbítrio, meu ódio-amor?
Júbilo imerecido:
O distendido flanco do tigre
Sobre meu peito vivo.

XLIX

Se me viessem à boca
As palavras foscas
Para te abrandar.
Se levez e sopro
Habitassem a casa
Do meu corpo
Não seria eu aquela do teu gosto
E amarias lírios
Ao invés de ostras.
Se comedimento
Mornidão, prudência
Me dourassem a carne
E o coração
Tu me dirias rouco
Que a bem do Desejo
Desfez-se o Paraíso
E inventou-se a Paixão.

Bem porisso preserva
Quem te sabe inteiro.
E cala teu instante
De um ciúme que repete
Que devo ser repouso
E contenção.

L

Um percurso de noites e vazantes
Dunas escuras e casas vazias

De mim mesma fui cruz e viajante.
As costas do meu Deus era o que eu via.
E ainda assim tão curvas

Arco que à minha frente se movia
Também como quem busca.
Um percurso a sós, meu ódio-amor,
E um poderoso à frente viajante.
Gritei nomes e sons, reinventei
E às vezes via o ombro flamejante

Mover-se

Mas nunca como aquele que pretende
Salvar alguém sem luz atrás de si.

E pranteei meu nome e minha vida.
Mas laboriosa
Hei de plantar redondas redivivas
Para prender meu Deus à tua volta.

LI

Cálida alquimia:
Ouro e compaixão
Sofrida pena
Aquecendo a mão fria.
Toma-me cara e mãos
E amorosa tenta
Revestir de ventura
Palavra e teia.
Ilumina o roteiro do poeta

Reabrindo as ramas da ilusão.
Que a caridade
Te faça ainda mais sábia
Diante da fêmea frágil.
Que a mentira apascente
O fogo da verdade.

E entre as escarpas
As minhas, do coração
Esperança e vivez
Novamente se façam
Sobre a minha cara e mãos.

LII

Eu era parte da noite e caminhava
Adulta e austera
Sem luz e aventurança.
Tu eras praia e dia
Um fogo branco
O rosto da montanha sobre a terra.

E juntamos a treva
Ao mar do meio-dia.
Cristas aguadas, pontas
Trilhas fosforescentes
Na vastidão das sombras

Mas um instante apenas.

Porisso é que caminho como antes
Adulta e austera.

Acrescida de véus me mostro aos viajantes:
Vês a mulher, aquela?
Dizem que a cara é de caliça e pedra.
Que a luz das ilusões passou por ela.

LIII

Cadenciadas
Vão morrendo as palavras
Na minha boca.
Um sudário de asas
Há de ser agasalho
E pátria para o corpo.
Anônimo, calado
O poeta contempla
Espelho e mágoa

Fragmentos de um veio
Berçário de palavras.

Umas lendas volteiam
O poeta vazio de seus meios:
Escombro, escadas
Amou de amor escuro
E fugiu de si mesmo
De sua própria cilada.

O poeta. Mudo.
Aceitável agora para o mundo
No seu sudário de asas.

LIV

Na moldura, no esquadro
Inalteráveis
Passado e sentimento.

Dos dois contemplo
Rigor e fixidez.
Passado e sentimento
Me contemplam

Arduidade nas caras
Rigor no teorema.

Tento apagar
Atos, postura. Revivem.
Irremovíveis, vítreos

Incorporaram-se para sempre
À eternidade do meu espírito.

LV

Um tempo-luz
Sobre o tempo do adeus
Porque ainda é vivaz
O sentimento.
Porque ainda me vejo
Como se tocasse
Uns mosaicos azuis

Lisura de surpresa
Na caligem de quadros
E de quartos

No areal das mesas.

Ronda pela casa a maciez
Se me repenso mansa
E com cuidado.
E ao meu redor
Um gosto perolado
Degusta o próprio fio
De cordame e pobreza.

Rondas a casa.

Ah, foi apenas teu passo
A pretendida luz deste poema.

LVI

Areia, vou sorvendo
A água do teu rio.
E sendo rio
Tu podes me tomar
Minúscula, extensa
Ampulheta guardada
Esteira, desafio.

Areia, encharcada
Recebo tuas palavras d'água
Sumidouro, aguaça

Em água-mel te prendo.
Areia, vou te tomando vasta
Ou milimétrica, lenta

Um rio de areia e caça
Luminescente, tua,
Uma presa de água.

LVII

Há este céu duro
Empedrado de ventos.
Eternidade és tu, meu ódio-amor
Senhor do meu sentimento.

Há este Nunca-Mais
Ancorado no Tempo.
E uma só tarde num aroma de ruas
De mogorim, de aves.

E há refrões e ágatas
Nas praças
Daquele paraíso de ilusões.
E barcas, pedras roladas

Extensos esgarçados
Eternidade de nós, meu ódio-amor
NO SEMPRE-NUNCA MAIS.

LVIII

O bisturi e o verso.
Dois instrumentos
Entre as minhas mãos.
Um deles rasga o Tempo
O outro eterniza
Aquele tempo-ouro sem medida.

Rompem-se sílabas e fonemas.
Estanco meus projetos.
E o que se vê
É um só comum-complexo
Coração aberto.

E nunca mais
Na dimensão da Terra
Hei de rever as moradas, os tetos
Os paraísos soberbos da paixão.

LIX

Sonha-me, meu ódio-amor,
Através do teu sonho, volto à vida.
Passeia minha sombra e ilusões
Pelos mesmos caminhos, os antigos,
E sonha-me como se tomasses
No fulgor da carne
Tua primeira amante proibida.

Sonha-me um novo-sempre
Um rosto

Isento de crueldades e partidas.
Sonha-me tua.
Criança e esquecida da experiência humana
Hei de voltar à vida.

LX

Teu rosto se faz tarde
Sob a minha mão.
E envelheço terna
Dividida e austera
Um mergulho de luz
Metade treva.

Pincéis de fino pelo
Desenhando emoções.
Teu rosto se faz noite
Niquelado traço
Anil e ouro baço
Sob a minha mão.

E jardins de gelo
E muralhas-espelho
E papéis guardados
Castos de desejo.

Teu rosto.
Uma tintura de fogo
Na planície dos dedos.

LXI

Um verso único
Oco de fundos
Extenso, vermelho-vivo
No túnel dos meus ouvidos:
Sempre comigo Sempre comigo.

Um verso escuro
De folhas-pontas
De nichos
De negras grutas
A língua excede seu exercício:
Sempre comigo Sempre comigo.

Um verso-vício
Constância e nojo
Vindo de uns lagos
De malefício.

Amor partido
Torres
Poço-edifício
Um verso único num golpe nítido:
Sempre comigo Sempre comigo.

LXII

Garças e fardos
O voo e o pesado
No meu coração.

E lebres álbidas
E cães.
Correirice e caça
No meu coração.

Torres, escadas e águas
Nem barcos, nem cordas
No meu coração.

E lutos e garras
Tua cara
No meu coração.

LXIII

Tens a medida do imenso?
Contas o infinito?
E quantas gotas de sangue
Pretendes
Desta amorosa ferida
De tão dilatada fome?

Tens a medida do sonho?
Tens o número do Tempo?
Como hei de saber do extenso
De um ódio-amor que percorre
Furioso
Passadas dentro do vento?

Sabes ainda meu nome?
Fome. De mim na tua vida.

LXIV

De sol e lua
De fogo e ventre
Te enlaço.
Ainda que a boca
A tua
(Sem se mover
Não dizendo)

Me diga palavras cruas:
Máscara fria
Lua-serpente
Viva inimiga.

De sol e lua
Me faço.
Sabendo que a alma
A tua
(Sem se mostrar,
Escondendo)

Me sabe irmã de tua eternidade.

LXV

Meu ódio-amor:
Tudo se esvai.
A hora se faz móvel
Escorrida
Sobre o corpo da vida.

Vou-me.
Pedra lisa e mar
Fixa-informe
Tento te segurar
Tu que és minha vida.
Morre
O mesmismo de mim
Se não me colo a ti.
Vagueio.
Alguém me vê
E aponta:
Dentro da flor aberta
Uma abelha morta.

LXVI

Nuns atalhos da tarde
Vivendo imensidão
Minha alma disse a mim
Rica de sombras:
Não pertencida.
Exilada dos sóis
Das outras vidas.

LXVII

Vida da minha alma:
Um dia nossas sombras
Serão lagos, águas

Beirando antiquíssimos telhados.
De argila e luz
Fosforescentes, magos,
Um tempo no depois
Seremos um só corpo adolescente.
Eu estarei em ti
Transfixada. Em mim
Teu corpo. Duas almas
Nômades, perenes
Texturadas de mútua sedução.

LXVIII

Te penso.
E já não és o pensado.
És tu e mais alguém
No informe, nos guardados
Alguém
E tu mesmo sem nome, imaginado.

Te penso
Como quem quer pintar o pensamento
Colorir os muros do passado
De umas ramas finas, mergulhadas
Num luxo de tinturas.
Te penso novo e vasto.
E velho
Igual à fome que tenho das funduras.

LXIX

Resolvi me seguir
Seguindo-te.
A dois passos de mim
Me vi:
Molhada cara, matando-se.

Cravado de flechas claras
Ramo de luzes, de punhaladas
Te vi. Sangrando de morte rara:
A minha. Morrendo em ti.

LXX

Poeira, cinzas
Ainda assim
Amorosa de ti
Hei de ser eu inteira.

Vazio o espaço
Que me contornava
Hei de estar ali.
Como se um rio corresse
Seu corpo de corredor
E só tu o visses.
Corpo do rio? Sou esse.

Fiandeira de versos
Te legarei um tecido
De poemas, um rútilo amarelo
Te aquecendo.

Amorosa de ti
VIDA é o meu nome. E poeta.
Sem morte no sobrenome.

Casa do Sol, 12/12/1981 a 5/11/1982

POEMAS MALDITOS, GOZOSOS E DEVOTOS

(1984)

À memória de
Ernest Becker
Otto Rank
Simone Weil

Pensar Deus é apenas uma certa maneira de pensar o mundo.
SIMONE WEIL

I

Pés burilados
Luz-alabastro
Mandou seu filho
Ser trespassado

Nos pés de carne
Nas mãos de carne
No peito vivo. De carne.

Pés burilados
Fino formão
Dedo alongado agarrando homens
Galáxias. Corpo de homem?
Não sei. Cuidado.

Vive do grito
De seus animais feridos
Vive do sangue
De poetas, de crianças

E do martírio de homens
Mulheres santas.

Temo que se aperceba
De umas misérias de mim
Ou de veladas grandezas.

Soberbas
De alguns neurônios que tenho
Tão ricos, tão carmesins.
Tem esfaimada fome
Do teu todo que lateja.

Se tenho a pedir, não peço.
Contente, eu mais lhe agradeço
Quanto maior a distância.
E só porisso uma dança, vezenquando
Se faz nos meus ossos velhos.

Cantando e dançando, digo:
Meu Deus, por tamanho esquecimento
Desta que sou, fiapo, da terra um cisco
Beijo-te pés e artelhos.

Pés burilados
Luz-alabastro
Mandou seu filho
Ser trespassado

Nos pés de carne
Nas mãos de carne
No peito vivo. De carne.

Cuidado.

II

Rasteja e espreita
Levita e deleita.
É negro. Com luz de ouro.

É branco e escuro.
Tem muito de foice
E furo.

Se tu és vidro
É punho. Estilhaça.
É murro.

Se tu és água
É tocha. É máquina
Poderosa se tu és rocha.

Um olfato que aspira.
Teu rastro. Um construtor
De finitudes gastas.

É Deus.
Um sedutor nato.

III

Caio sobre teu colo.
Me retalhas.
Quem sou?
Tralhas, do teu divino humor.

Coronhadas exatas
De tuas mãos sagradas.
Me queres esbatida, gasta

E antegozas o gosto
De um trêmulo Nada.

Me devoras
Com teus dentes ocos.
A ti me incorporo
A contragosto.

Sou agora fúria
E descontrole.
Agito-me desordenada
Nos teus moles.

Sou façanha
Escuro pulsante
Fera doente.

À tua semelhança:
Homem.

IV

Doem-te as veias?
Pulsaram porque fizeste
Do barro os homens.
E agora dói-te a Razão?
Se me visses fazer
Panelas, cuias

E depois de prontas
Me visses
Aquecê-las a um ponto
A um grande fogo
Até fazê-las desaparecer

Dirias que sou demente
Louca?
Assim fizeste aos homens.

Me deste vida e morte.
Não te dói o peito?

Eu preferia
A grande noite negra
A esta luz irracional da Vida.

V

Para um Deus, que singular prazer.
Ser o dono de ossos, ser o dono de carnes
Ser o Senhor de um breve Nada: o homem:
Equação sinistra
Tentando parecença contigo, Executor.

O Senhor do meu canto, dizem? Sim.
Mas apenas enquanto dormes.
Enquanto dormes, eu tento meu destino.
Do teu sono
Depende meu verso minha vida minha cabeça.

Dorme, inventado imprudente menino.
Dorme. Para que o poema aconteça.

VI

Se mil anos vivesse
Mil anos te tomaria.
Tu.
E tua cara fria.

Teu recesso.
Teu encostar-se

Às duras paredes
De tua sede.

Teu vício de palavras.
Teu silêncio de facas.
As nuas molduras
De tua alma.

Teu magro corpo
De pensadas asas.
Meu verso cobrindo
Inocências passadas.
Tuas.

Imagina-te a mim
A teu lado inocente
A mim, e a essa mistura
De piedosa, erudita, vadia
E tão indiferente.

Tu sabes.
Poeta buscando altura
Nas tuas coxas frias.

Se eu vivesse mil anos
Suportaria
Teu a ti procurar-se.
Te tomaria, Meu Deus,
Tuas luzes. Teu contraste.

VII

É rígido e mata
Com seu corpo-estaca.
Ama mas crucifica.

O texto é sangue
E hidromel.
É sedoso e tem garra
E lambe teu esforço

Mastiga teu gozo
Se tens sede, é fel.

Tem tríplices caninos.
Te trespassa o rosto
E chora menino
Enquanto agonizas.

É pai, filho e passarinho.

Ama. Pode ser fino
Como um inglês.
É genuíno. Piedoso.

Quase sempre assassino.
É Deus.

VIII

É neste mundo que te quero sentir.
É o único que sei. O que me resta.

Dizer que vou te conhecer a fundo
Sem as bênçãos da carne, no depois,
Me parece a mim magra promessa.
Sentires da alma? Sim. Podem ser prodigiosos.
Mas tu sabes da delícia da carne
Dos encaixes que inventaste. De toques.
Do formoso das hastes. Das corolas.
Vês como fico pequena e tão pouco inventiva?
Haste. Corola. São palavras róseas. Mas sangram.

Se feitas de carne.

Dirás que o humano desejo
Não te percebe as fomes. Sim, meu Senhor,
Te percebo. Mas deixa-me amar a ti, neste texto
Com os enlevos
De uma mulher que só sabe o homem.

IX

Poderia ao menos tocar
As ataduras da tua boca?
Panos de linho luminescentes
Com que magoas
Os que te pedem palavras?

Poderia através
Sentir teus dentes?
Tocar-lhes o marfim
E o liso da saliva

O molhado que mata e ressuscita?

Me permitirias te sentir a língua
Essa peça que alisa nossas nucas
E fere rubra
Nossas humanas delicadas espessuras?

Poderia ao menos tocar
Uma fibra desses linhos
Com repetidos cuidados
Abrir
Apenas um espaço, um grão de milho
Para te aspirar?

Poderia, meu Deus, me aproximar?
Tu, na montanha.
Eu no meu sonho de estar
No resíduo dos teus sonhos?

X

Atada a múltiplas cordas
Vou caminhando tuas costas.
Palmas feridas, vou contornando
Pontas de gelo, luzes de espinho
E degredo, tuas omoplatas.

Busco tua boca de veios
Adentro-me nas emboscadas
Vazia te busco os meios.
Te fechas, teia de sombras
Meu Deus, te guardas.

A quem te procura, calas.
A mim que pergunto escondes

Tua casa e tuas estradas.
Depois trituras. Corpo de amantes
E amadas.

E buscas
A quem nunca te procura.

XI

Sobem-me as águas. Sobem-te as fúrias.
Fartas me sobem dor e palavras.
De vidro, nozes, de vinhas, me sobem dores
Tão tardas, tão carecentes.

Por que te fazes antigo, se nunca te demoraste
Na terra que preparei, nem nas calçadas
Da casa? Me vês e me pensas caça?
Ai, não. Não me pensas. Eu sim, nas noites

Que caminhadas. Que sangramento de passos.
Que cegueira pretendendo
Seguir teu próprio cansaço. Olha-me a mim.
Antes que eu morra de águas, aguada do que inventei.

XII

Estou sozinha se penso que tu existes.
Não tenho dados de ti, nem tenho tua vizinhança.
E igualmente sozinha se tu não existes.

De que me adiantam
Poemas ou narrativas buscando

Aquilo que se não é, não existe
Ou se existe, então se esconde
Em sumidouros e cimos, nomenclaturas

Naquelas não evidências
Da matemática pura? É preciso conhecer
Com precisão para amar? Não te conheço.

Só sei que me desmereço se não sangro.
Só sei que fico afastada
De uns fios de conhecimento, se não tento.

Estou sozinha, meu Deus, se te penso.

XIII

Vou pelos atalhos te sentindo à frente.
Volto porque penso que voltaste.
Alguns me dizem que passaste
Rente a alguém que gritava:

Tateia-me, Senhor,
Estás tão perto
E só percebo ocos
Moitas estufadas de serpentes.

Alguém me diz que esse alguém
Que gritava, a mim se parecia.
Mas era mais menina, percebes?
De certo modo mais velha

Como alguém voltando de guerrilhas
Mulher das matas, filha das Ideias.

Não eras tu, vadia. Porque o Senhor
Lhe disse: Poeira: estou dentro de ti.
Sou tudo isso, oco moita
E a serpente de versos da tua boca.

XIV

Se te ganhasse, meu Deus, minh'alma se esvaziaria?
Se a mim me aconteceu com os homens, por que não com
[Deus?
De início as lavas do desejo, e rouxinóis no peito.
E aos poucos lassidão, um desgosto de beijos, um esfriar-se

Um pedir que se fosse, fartada de carícias.
Se te ganhasse, que coisas ainda desejaria minh'alma
Se ficasses? Que luz seria em mim mais luminosa?
Que negrume mais negro?

Não haveria mais nem sedução, nem ânsias.
E partirias. Eu vazia de ti porque tão cheia.
Tu, em abastanças do sentir humano, de novo dormirias.

XV

Desenho um touro na seda.
Olhos de um ocre espelhado
O pelo negro, faustoso

Seduzo meu Deus montado
Sobre este touro.

Desenhas Deus? Desenho o Nada
Sobre este grande costado.
Um rio de cobre deságua
Sobre essas patas.
Uma mulher tem nas mãos
Uma bacia de águas

Buscando matar a sede
Daquele divino Nada.

O touro e a mulher sou eu.
Tu és, meu Deus,
A Vida não desenhada
Da minha sede de céus.

XVI

Se já soubesse quem sou
Te saberia. Como não sei
Planto couves e cravos
E espero ver uma cara
Em tudo que semeei.

Pois não dizem que te mostras
Por vias tortas, nos mínimos?
Te mostrarás na minha horta
Talvez mudando o destino
Dessa de mim que só vive

Tentando semeadura

Dessa de mim que envelhece
Buscando sua própria cara
E muito através, a tua
Que a mim me apeteceria
Ver frente a frente.

Há luas luzindo o verde
E luas luzindo os cravos.
Couves de tal estatura
E carmesins dilatados
Que os que passam me perguntam:
São os canteiros de Deus?
Digo que sim por vaidade
Sabendo dos infinitos
De uma infinita procura
De *tu* e *eu*.

XVII

Penso que tu mesmo cresces
Quando te penso. E digo sem cerimônias
Que vives porque te penso.
Se acaso não te pensasse
Que fogo se avivaria não havendo lenha?
E se não houvesse boca
Por que o trigo cresceria?

Penso que o coração
Tem alimento na Ideia.
Teu alimento é uma serva

Que bem te serve à mão cheia.
Se tu dormes ela escreve
Acordes que te nomeiam.
Abre teus olhos, meu Deus,
Come de mim a tua fome.

Abre a tua boca. E grita este nome meu.

XVIII

Se some, tem cuidado.
Se não some é fardo.
Cuida que ele não suma

Pois ficará mais pesado
Se sumir de tua alma.

É de uma Ideia de Deus que te falo.
Pesa mais se ausente
Pesa menos se te toma

Ainda que descontente
Te vejas pensando sempre
Num alguém que está aí dentro
De quem não conheces rosto
Nem gosto nem pensamento.

Cuida que tal ideia
Te tome. Melhor um cheio de dentro
Que não conheces, um fartar-se
De um nada conhecimento

Do que um vazio de luto
Umas cascas sem os frutos
Pele sem corpo, ou ossos
Sem matéria que os sustente.

Toma contento
Se te sabes pesado
Dessa ideia de Nada.
É um pensar para sempre.

E não sentes verdade
Que a vida vale em extenso
Altura e profundidade
Se vives do pensamento?

XIX

Teus passos somem
Onde começam as armadilhas.
Curvo-me sobre a treva que me espia.

Ninguém ali. Nem humanos, nem feras.
De escuro e terra tua moradia?

Pegadas finas
Feitas a fogo e a espinho.
Teu passo queima se me aproximo.

Então me deito sobre as roseiras.
Hei de saber o amor à tua maneira.

Me queimo em sonhos, tocando estrelas.

XX

Move-te. Desperta.
Há homens à tua procura.
Há uma mulher, que sou eu.
A Terra mora na Via Láctea
Eu moro à beira de estradas
Não sou pequena nem alta.

Sou muito pálida
Porque muito caminhei
Nas escurezas, no vício
De perseguir uns falares
Teus indícios.

Move-te. Tua aliança com os homens
Teu atar-se comigo
Tem muito de quebra e dessemelhança.
Muitos de nós agonizam.
A Terra toda. Há de ser quase
Brinquedo adivinhares
Onde reside o pó, onde reside o medo.

Não te demores.
Eu tenho nome: Poeira.

Move-te se te queres vivo.

XXI

Não te machuque a minha ausência, meu Deus,
Quando eu não mais estiver na Terra

SOBRE A TUA GRANDE FACE

(1986)

À memória de Ernest Becker

A Ricardo Guilherme Dicke
por identificação no exercício
da procura.

•

Honra-me com teus nadas.
Traduz meu passo
De maneira que eu nunca me perceba.
Confunde estas linhas que te escrevo
Como se um brejeiro escoliasta
Resolvesse
Brincar a morte de seu próprio texto.
Dá-me pobreza e fealdade e medo.
E desterro de todas as respostas
Que dariam luz
A meu eterno entendimento cego.
Dá-me tristes joelhos.
Para que eu possa fincá-los num mínimo de terra
E ali permanecer o teu mais esquecido prisioneiro.
Dá-me mudez. E andar desordenado. Nenhum cão.
Tu sabes que amo os animais
Por isso me sentiria aliviado. E de ti, Sem Nome
Não desejo alívio. Apenas estreitez e fardo.
Talvez assim te encantes de tão farta nudez.
Talvez assim me ames: desnudo até o osso
Igual a um morto.

•

O que me vem, devo dizer-te DESEJADO,
Sem recuo, pejo ou timidezes. Porque é mais certo mostrar
Insolência no verso do que mentir decerto. Então direi
O que se coleia a mim, na intimidade, e atravessa os vaus
Da fantasia. Deito-me pensada de bromélias vivas

E me recrio corpórea e incandescente.
Tu sabes como nasceu a ideia das pontiagudas catedrais?
De um louco incendiando um pinheiro de espinhos.
Arquiteta de mim, me construo à imagem das tuas Casas
E te adentras em carne e moradia. Queixumosa vou indo
E queixoso te mostras, depois de te fartares
Do meu jogo de engodos. E a cada noite voltas
Numa simulação de dor. Paraíso do gozo.

•

De tanto te pensar, Sem Nome, me veio a ilusão.
A mesma ilusão

Da égua que sorve a água pensando sorver a lua.
De te pensar me deito nas aguadas
E acredito luzir e estar atada
Ao fulgor do costado de um negro cavalo de cem luas.
De te sonhar, Sem Nome, tenho nada
Mas acredito em mim o ouro e o mundo.
De te amar, possuída de ossos e de abismos
Acredito ter carne e vadiar
Ao redor dos teus cimos. De nunca te tocar
Tocando os outros
Acredito ter mãos, acredito ter boca
Quando só tenho patas e focinho.
Do muito desejar altura e eternidade

Me vem a fantasia de que Existo e Sou.
Quando sou nada: égua fantasmagórica
Sorvendo a lua n'água.

Vem apenas de mim, ó Cara Escura
Este desejo de te tocar o espírito

Ou és tu, precisante de mim e de minha carne
Que incendeias o espaço e vens muleiro
Montado em ouro e sabre, clavina, cinturões
Rebenque caricioso
Sobre a minha anca viva?
Ou há de ser a fome dos teus brilhos
Que torna vadeante o meu espírito
E me faz esquecer que sou apenas vício
Escureza de terra, latejante.

Vem de mim, Cara Escura, a ramagem de púrpura
Com a qual me disfarço. As facas
Com os fios sabendo a tangerina, facas
Que a cada dia preparo, no seduzir
Tua fina simetria. E vem de ti, Obscuro,
Toda cintilância que jamais me busca.

●

Quisera dar nome, muitos, a isso de mim
Chagoso, triste, informe. Uns resíduos da tarde
Algumas aves, e asas buscando tua cara de fuligem.
De áspide.
Quisera dar o nome de Roxura, porque a ânsia
Tem parecimento com esse desmesurado de mim
Que te procura. Mas também não é isso

Este meu neblinar contínuo que te busca.
Ando em grandes vaguezas, açoitando os ares
Relinchando sombras, carreando o nada.
Os que me veem me gritam: como tem passado
A aldeã de sua alteza? E há chacotas e risos.
Mas vem vindo de ti um entremuro de sons e de cicios
Um labiar de sabores, um sem nome de passos
Como se águas pequenas desaguassem
Num pomar de abios. Como se eu mesma
Flutuasse, cativa, ofélica, sobre a tua Grande Face.

●

Hoje te canto e depois no pó que hei de ser
Te cantarei de novo. E tantas vidas terei
Quantas me darás para o meu outra vez amanhecer
Tentando te buscar. Porque vives de mim, Sem Nome,
Sutilíssimo amado, relincho do infinito, e vivo
Porque sei de ti a tua fome, tua noite de ferrugem
Teu pasto que é o meu verso orvalhado de tintas
E de um verde negro teu casco e os areais
Onde me pisas fundo. Hoje te canto
E depois emudeço se te alcanço. E juntos
Vamos tingir o espaço. De luzes. De sangue.
De escarlate.

●

Desejei te mostrar minha forma humana
Afastada de todo da velhice. Por isso

É que te chamo a ti desde criança
E adolescente e mulher, também contigo
Em chamamento convivi. E tive corpo e cara preciosos
E brisas crespas numa voz tão rara
Que se tivesses vindo àquele tempo
Me verias a mim num corrido de horas
Um demoroso estar de muitos noivos.
E de todos, Soturno, nenhum foi tão coalescente

Tão colado à minha carne, como tu foste, ausente.
Dirás demasiado. Mas fosca e acanhada, hoje,
Peço-te com o luzir dos ossos
Com a fragilidade de uma espuma n'água
Que me visites antes do adeus da minha palavra.

•

Lavores, cordas e batalhas
O que me vem da alma. Lavor
Porque trabalho sobre o teu rosto
De palha: construo o impossível
Meu senhor. Cordas, porque te amarro
Com as turquesas informes do desejo.
E um sem fim de batalhas
Porque prender a ti num coração de fêmea
É querer lavores: o quebradiço constante
Porque tento com a palha
A finura perfeita de um semblante.
E o que deve fazer
Quem não se lembra mais do mais perfeito
E de si mesma só tem o humano gesto?

●

De montanhas e barcas nada sei.
Mas sei a trajetória de uma altura
E certa fundura de águas
E há de me levar a ti uma das duas.
De ares e asas não percebo nada.
Mas atravesso abismos e um vazio de avessos
Para tocar a luz do teu começo.
Das pedras só conheço as ágatas.
Mas arranco do xisto as esmeraldas
Se me disseres que é o verde a dádiva
Que responde às perguntas da Ilusão.
E posso me ferir no gelo das espadas
Se me quiseres banhada de vermelho.

Em minhas muitas vidas hei de te perseguir.
Em sucessivas mortes hei de chamar este teu ser sem nome
Ainda que por fadiga ou plenitude, destruas o poeta
Destruindo o Homem.

●

Escaldante, Obscuro. Escaldante teu sopro
Sobre o fosco fechado da garganta.
Palavras que pensei acantonadas
Ressurgem diante do toque novo:
Carrascais. Gárgulas. Emergindo do luto
Vem vindo um lago de surpreendimento
Recriando musgo. Voltam as seduções.
Volta a minha própria cara seduzida

Pelo teu duplo rosto: metade raízes
Oquidões e poço, metade o que não sei:
Eternidade. E volta o fervente langor
Os sais, o mal que tem sido esta luta
Na tua arena crispada de punhais.

E destes versos, e da minha própria exuberância
E excesso, há de ficar em ti o mais sombroso.
Dirás: que instante de dor e intelecto
Quando sonhei os poetas na Terra. Carne e poeira
O perecível, exsudando centelha.

Casa do Sol, 1985/1986

AMAVISSE

(1989)

À memória de Ernest Becker
À memória de Vladimir Jankelevitch

... ter um dia amado (amavisse)
VLADIMIR JANKELEVITCH

Porco-poeta que me sei, na cegueira, no charco
À espera da Tua Fome, permita-me a pergunta
Senhor de porcos e de homens:
Ouviste acaso, ou te foi familiar
Um verbo que nos baixios daqui muito se ouve
O verbo amar?

Porque na cegueira, no charco
Na trama dos vocábulos
Na decantada lâmina enterrada
Na minha axila de pelos e de carne
Na esteira de palha que me envolve a alma

Do verbo apenas entrevi o contorno breve:
É coisa de morrer e de matar mas tem som de sorriso.
Sangra, estilhaça, devora, e por isso
De entender-lhe o cerne não me foi dada a hora.

É verbo?
Ou sobrenome de um deus prenhe de humor
Na péripla aventura da conquista?

I

Carrega-me contigo, Pássaro-Poesia
Quando cruzares o Amanhã, a luz, o impossível
Porque de barro e palha tem sido esta viagem
Que faço a sós comigo. Isenta de traçado
Ou de complicada geografia, sem nenhuma bagagem
Hei de levar apenas a vertigem e a fé:
Para teu corpo de luz, dois fardos breves.
Deixarei palavras e cantigas. E movediças

Embaçadas vias de Ilusão.
Não cantei cotidianos. Só te cantei a ti
Pássaro-Poesia
E a paisagem limite: o fosso, o extremo
A convulsão do Homem.

Carrega-me contigo.
No Amanhã.

II

Como se te perdesse, assim te quero.
Como se não te visse (favas douradas
Sob um amarelo) assim te apreendo brusco
Inamovível, e te respiro inteiro

Um arco-íris de ar em águas profundas.

Como se tudo o mais me permitisses,
A mim me fotografo nuns portões de ferro
Ocres, altos, e eu mesma diluída e mínima
No dissoluto de toda despedida.

Como se te perdesse nos trens, nas estações
Ou contornando um círculo de águas
Removente ave, assim te somo a mim:
De redes e de anseios inundada.

III

De uma fome de afagos, tigres baços
Vêm se juntar a mim na noite oca.
E eu mesma estilhaçada, prenhe de solidões
Tento voltar à luz que me foi dada
E sobreponho as mãos nas veludosas patas.

De uma fome de sonhos
Tento voltar àquelas geografias
De um Fazedor de versos e sua estrada.
Aliso os grandes dorsos
Memorizo este ser que me sou

E sobre os fulcros dentes, ali
É que passeio e deslizo a minha fome.

Então se aquietam de pura madrugada
Meus tigres de ferrugem. As garras recolhidas
Numa agonia de ser, tão indivisa
Como se mesmo a morte os excluísse.

IV

Se chegarem as gentes, diga que vivo o meu avesso.
Que há um vivaz escarlate
Sobre o peito de antes palidez, e linhos faiscantes
Sobre as magras ancas, e inquietantes cardumes
Sobre os pés. Que a boca não se vê, nem se ouve a palavra

Mas há fonemas sílabas sufixos diagramas
Contornando o meu quarto de fundo sem começo.

Que a mulher parecia adequada numa noite de antes
E amanheceu como se vivesse sob as águas. Crispada.
Flutissonante.

Diga-lhes principalmente
Que há um oco fulgente num todo escancarado.
E um negrume de traço nas paredes de cal
Onde a mulher-avesso se meteu.

Que ela não está neste domingo à tarde apropriada.
E que tomou algália
E gritou às galinhas que falou com Deus.

V

As maçãs ao relento. Duas. E o viscoso
Do Tempo sobre a boca e a hora. As maçãs
Deixei-as para quem devora esta agonia crua:
Meu instante de penumbra salivosa.

As maçãs comi-as como quem namora. Tocando
Longamente a pele nua. Depois mordi a carne
De maçãs e sonhos: sua alvura porosa.

E deitei-me como quem sabe o Tempo e o vermelho:
Brevidade de um passo no passeio.

VI

Que as barcaças do Tempo me devolvam
A primitiva urna de palavras.
Que me devolvam a ti e o teu rosto
Como desde sempre o conheci: pungente
Mas cintilando de vida, renovado
Como se o sol e o rosto caminhassem
Porque vinha de um a luz do outro.

Que me devolvam a noite, o espaço
De me sentir tão vasta e pertencida
Como se águas e madeiras de todas as barcaças
Se fizessem matéria rediviva, adolescência e mito.

Que eu te devolva a fonte do meu primeiro grito.

VII

Aquele fino traço da colina
Quero trancar na cancela
Da alma. Alimento e medida
Para as muitas vidas do depois.

Curva de um devaneio inatingido
Um todo estendido adolescente
Aquele fino traço da colina
Há de viver na paisagem da mente

Como a distância habita em certos pássaros
Como o poeta habita nas ardências.

VIII

Guardo-vos manhãs de terracota e azul
Quando o meu peito tingido de vermelho
Vivia a dissolvência da paixão.
O capim calcinado das queimadas
Tinha o cheiro da vida, e os atalhos
Estreitos tinham tudo a ver com o desmedido
E as águas do universo se faziam parcas
Para afogar meu verso. Guardo-vos, Iluminadas
Recendentes manhãs tão irreais no hoje
Como fazer nascer girassóis do topázio
E dos rubis, romãs.

IX

Amor chagado, de púrpura, de desejo
Pontilhado. Volto à seiva de cordas
Da guitarra, e recheio de sons o teu jazigo.
Volto empoeirada de vestígios, arvoredo de ouro
Do que fomos, gotas de sal na planície do olvido
Para reacender a tua fome.

Amor de sombras de ocasos e de ovelhas.
Volto como quem soma a vida inteira
A todos os outonos. Volto novíssima, incoerente
Cógnita
Como quem vê e escuta o cerne da semente
E da altura de dentro já lhe sabe o nome.

E reverdeço
No rosa de umas tangerinas
E nos azuis de todos os começos.

X

Há um incêndio de angústias e de sons
Sobre os intentos. E no corpo da tarde
Se fez uma ferida. A mulher emergiu
Descompassada no de dentro da outra:
Uma mulher de mim nos incêndios do Nada.
Tinha o rosto de uns rios: quebradiço
E terroso. O peito carregado de ametistas.
Uma mulher me viu no roxo das ciladas:
Esculpindo de novo teu rosto no vazio.

XI

Os ponteiros de anil no esguio das águas.
Tua sombra azulada repensando os rios
E agudíssimas horas atravessando o leito
Das barcaças.
Tem sido noite extrema. Finos fios
Sulcando de sangue as esperanças.

Os ponteiros de anil. Nossas duas vidas
Devastadas, num lago de janeiros.

XII

Se tivesse madeira e ilusões
Faria um barco e pensaria o arco-íris.
Se te pensasse, amigo, a Terra toda
Seria de saliva e de chegança.
Te moldaria numa carne de antes
Sem nome ou Paraíso.

Se me pensasses, Vida, que matéria
Que cores para minha possível sobrevida?

XIII

Extrema, toco-te o rosto. De ti me vem
À ponta dos meus dedos o ouro da volúpia
E o encantado glabro das avencas. De ti me vem
A noite tingida de matizes, flutuante
De mitos de águas. Inaudita.
Extrema, toco-te a boca como quem precisa
Sustentar o fogo para a própria vida.
E úmido de cio, de inocência,
É à saudade de mim que me condenas.

Extrema, inomeada, toco-me a mim.
Antes, tão memória. E tão jovem agora.

XIV

um fado para uma guitarra

Outeiros, átrios, pombas e vindimas.
Em algum tempo
Vivi a eternidade dessas rimas.
Pastora, entre os animais é que cresci. E lhes pensava
O pelo e a formosura. Senhora, tive a casa
Daqueles da minha raça. Agrandados vestíbulos
E aves e pomares, e por fidelidade pereci.
De humildes aldeias e de casas grandes
Transitei entre as vidas. Depois amei
Extremante e soturna. A quem me amava matei.
Porisso nesta vida temo o amor e facas.
Porisso nesta vida

Canto canções assim tão compassivas
Na minha língua esquecida.

XV

Paliçadas e juncos
E agudos gritos de um pássaro nos alagadiços.
Tem sido este o tempo de prenúncios.

Tecida de carmim no traçado das horas
A vida se refaz:
Um risco de sorriso nos olhos luminosos
Um ter visto
O traçado do extenso no inimaginável Paraíso.

E de novo, no instante
Paliçadas e juncos.
E agudos gritos de um pássaro nos alagadiços.

XVI

Devo viver entre os homens
Se sou mais pelo, mais dor
Menos garra e menos carne humana?
E não tendo armadura
E tendo quase muito do cordeiro
E quase nada da mão que empunha a faca
Devo continuar a caminhada?

Devo continuar a te dizer palavras
Se a poesia apodrece
Entre as ruínas da Casa que é a tua alma?
Ai, Luz que permanece no meu corpo e cara:
Como foi que desaprendi de ser humana?

XVII

As barcas afundadas. Cintilantes
Sob o rio. E é assim o poema. Cintilante
E obscura barca ardendo sob as águas.
Palavras eu as fiz nascer
Dentro da tua garganta.
Úmidas algumas, de transparente raiz:
Um molhado de línguas e de dentes.

Outras de geometria. Finas, angulosas
Como são as tuas
Quando falam de poetas, de poesia.

As barcas afundadas. Minhas palavras.
Mas poderão arder luas de eternidade.
E doutas, de ironia as tuas
Só através da minha vida vão viver.

XVIII

Será que apreendo a morte
Perdendo-me a cada dia
No patamar sem fim do sentimento?
Ou quem sabe apreendo a vida
Escurecendo anárquica na tarde
Ou se pudesse
Tomar para o meu peito a vastidão
O caminho dos ventos
O descomedimento da cantiga.

Será que apreendo a sorte
Entrelaçando a cinza do morrer
Ao sêmen da tua vida?

XIX

Empoçada de instantes, cresce a noite
Descosendo as falas. Um poema entremuros

Quer nascer, de carne jubilosa
E longo corpo escuro. Pergunto-me
Se a perfeição não seria o não dizer
E deixar aquietadas as palavras
Nos noturnos desvãos. Um poema pulsante

Ainda que imperfeito quer nascer.

Estendo sobre a mesa o grande corpo
Envolto na sua bruma. Expiro amor e ar
Sobre as suas ventas. Nasce intensa
E luzente a minha cria
No azulecer da tinta e à luz do dia.

XX

De grossos muros, de folhas machucadas
É que caminham as gentes pelas ruas.
De dolorido sumo e de duras frentes
É que são feitas as caras. Ai, Tempo

Entardecido de sons que não compreendo.
Olhares que se fazem bofetadas, passos
Cavados, fundos, vindos de um alto poço
De um sinistro Nada. E bocas tortuosas

Sem palavras.

E o que há de ser da minha boca de inventos
Neste entardecer? E do ouro que sai
Da garganta dos loucos, o que há de ser?

VIA ESPESSA

(1989)

I

De cigarras e pedras, querem nascer palavras.
Mas o poeta mora
A sós num corredor de luas, uma casa de águas.
De mapas-múndi, de atalhos, querem nascer viagens.
Mas o poeta habita
O campo de estalagens da loucura.

Da carne de mulheres, querem nascer os homens.
E o poeta preexiste, entre a luz e o sem-nome.

II

Se te pertenço, separo-me de mim.
Perco meu passo nos caminhos de terra
E de Dionísio sigo a carne, a ebriedade.
Se te pertenço perco a luz e o nome
E a nitidez do olhar de todos os começos:
O que me parecia um desenho no eterno
Se te pertenço é um acorde ilusório no silêncio.

E por isso, por perder o mundo
Separo-me de mim. Pelo Absurdo.

III

Olhando o meu passeio
Há um louco sobre o muro

Balançando os pés.
Mostra-me o peito estufado de pelos
E tem entre as coxas um lixo de papéis:
— Procura Deus, senhora? Procura Deus?

E simétrico de zelos, balouçante
Dobra-se num salto e desnuda o traseiro.

IV

O louco estendeu-se sobre a ponte
E atravessou o instante.
Estendi-me ao lado da loucura
Porque quis ouvir o vermelho do bronze

E passar a língua sobre a tintura espessa
De um açoite.

Um louco permitiu que eu juntasse a sua luz
À minha dura noite.

V

O louco (a minha sombra) escancarou a boca:
— O que restou de nós decifrado nos sonhos
  Os arrozais, teu nome, tardes, juncos
  Tuas ruas que no meu caminho percorri?
  Ai, sim, me lembro de um sentir de adornos
  Mas há uma luz sem nome que me queima
  E das coisas criadas me esqueci.

VI

O louco saltimbanco
Atravessa a estrada de terra
Da minha rua, e grita à minha porta:
— Ó senhora Samsara, ó senhora —
    Pergunto-lhe por que me faz a mim tão perseguida
    Se essa de nome esdrúxulo aqui não mora.

— Pois aquilo que caminha em círculos
    É Samsara, senhora —
E recheado de risos, murmura uns indizíveis
Colado ao meu ouvido.

VII

Devo voltar à luz que me pensou
De poeira e começos?
Devo voltar ao barro e às mãos de vidro
Que fragilizadas me pensaram?
Devo pensar o louco (a minha sombra)
À luz das emboscadas?
Ai girassóis sobre a mesa de águas.

— Estetizante — disse-me o louco
    Grudado à minha poética omoplata.
— Os girassóis? Ah, Samsara, teu esquecido sol.
    Uma mesa de águas? Que volúpia, que máscara
    E que ambíguo deleite
    Para a voracidade da tua alma.

VIII

Eram águas castanhas as que eu via.
Caras de palha e corda nas barcaças brancas.
Velas de linhos novos, luzidios
Mas resíduos. Sobras.

Colou-se minha sombra às minhas costas:
— Que bagagem, senhora.
   O Nada navegando à tua porta.

IX

O louco se fechou ao riso
Se torceu convulso de fingida agonia
E como se lançasse flores à cova de um morto
Atirou-me os guizos.
Por quê? perguntei adusta e ressentida.

— Ó senhora, porque mora na morte
   Aquele que procura Deus na austeridade.

X

— É o olho copioso de Deus. É o olho cego
   De quem quer ver. Vês? De tão aberto
   Queimado de amarelo —
Assim me disse o louco (esguio e loiro)
Olhando o girassol que nasceu no meu teto.

XI

De canoas verdes de amargas oliveiras
De rios pastosos de cascalho e poeira
De tudo isso meu cantochão tecido de ervas negras.
Grita-me o louco:
— De amoras. De tintas rubras do instante
   É que se tinge a vida. De embriaguez, Samsara.

E atravessou no riso a tarde fulva.

XII

Temendo deste agosto o fogo e o vento
Caminho junto às cercas, cuidadosa
Na tarde de queimadas, tarde cega.
Há um velho mourão enegrecido de queimadas antigas.
E ali reencontro o louco:
— Temendo os teus limites, Samsara esvaecida?
   Por que não deixas o fogo onividente
   Lamber o corpo e a escrita? E por que não arder
   Casando o Onisciente à tua vida?

XIII

— Queres voar, Samsara? Queres trocar o moroso das pernas
   Pela magia das penas, e planar coruscante
   Acima da demência? Porque te vejo às tardes desejosa

De ser uma das aves retardatárias do pomar.
Aquela ali talvez, rumo ao poente.

Pois pode ser, lhe disse. Santos e lobos
Devem ter tido o meu mesmo pensar. Olhos no céu
Orando, uivando aos corvos.

Então aproximou-se rente ao meu pescoço:
— Esquece texto e sabença. As cadeias do gozo.
E labaredas do intenso te farão o voo.

XIV

Telhas, calhas
Cordas de luz que se fizeram palavra
Alguém sonha a carne da minha alma.

Ecos, poço
O esquecimento perseguindo um corpo
Aqui me tens entre a vigília e o encanto

Cativa da loucura
Perseguindo o louco.

XV

Eram azuis as paredes do prostíbulo.
Ela estendeu-se nua entre os arcos da sala
E matou-se devassada de ternura.

"Que azul insuportável", antes gritou.
"Como se adulta um berço me habitasse"

Foi esta a canção de Natal cantada pelo louco
Quando me deu a Hilde: a porca que levava sobre o dorso.

XVI

— Não percebes, Samsara, que Aquele que se esconde
   E que tu sonhas homem, quer ouvir o teu grito?
   Que há uma luz que nasce da blasfêmia
   E amortece na pena? Que é o cinza a cor do teu queixume

E o grito tem a cor do sangue Daquele que se esconde?

Vive o carmim, Samsara. A ferida.
E terás um vestígio do Homem na tua estrada.

XVII

Minha sombra à minha frente desdobrada
Sombra de sua própria sombra? Sim. Em sonhos via.
Prateado de guizos
O louco sussurrava um refrão erudito:
— Ipseidade, Samsara. Ipseidade, senhora. —

E enfeixando energia, cintilando
Fez de nós dois um único indivíduo.

VIA VAZIA

(1989)

I

Eu sou Medo. Estertor.
Tu, meu Deus, um cavalo de ferro
Colado à futilidade das alturas.

II

Movo-me no charco. Entre o junco e o lagarto.
E Tu, como Petrarca, deves cantar tua Laura:
"Le Stelle, il cielo, caldi sospiri"
E nem há lua esta noite. Nascidas deste canto
Das palavras, só há borbulhas n'água.

III

Rato d'água, círculo no remoinho da busca.
Que sou teu filho, Pai, me dizem. Farejo.
Com a focinhez que me foi dada
Encontro alguns dejetos. Depois, estendido
Na pedra (que dizem ser teu peito), busco um sinal.
E de novo farejo. Há quanto tempo. Há quanto tempo.

IV

À carne, aos pelos, à garganta, à língua
A tudo isto te assemelhas?
Mas e o depois da morte, Pai?
As centelhas que nascem da carne sob a terra
O estar ali cintilando de treva. Hein?
À treva te assemelhas?

V

Dá-me a via do excesso. O estupor.
Amputado de gestos, dá-me a eloquência do Nada
Os ossos cintilando
Na orvalhada friez do teu deserto.

VI

Que vertigem, Pai.
Pueril e devasso
No furor da tua víscera
Trituras a cada dia
Meu exíguo espaço.

VII

Tu sabes que serram cavalos vivos
Para que fiquem macias
As sacolas dos ricos?
Tu gozas ou defecas
Diante do ato sem nome
O rubro obsceno dessa orgia?

VIII

Descansa.
O Homem já se fez
O escuro cego raivoso animal
Que pretendias.

IX

Uma mulher suspensa entre as linhas e os dentes.
Antiquíssima ave, marionete de penas
As asas que pensou lhe foram arrancadas.
Lavado de luzes, um deus me movimenta.
Indiferente. Bufo.

X

PEDRA D'ÁGUA, ABISMO, PEDRA-FERRO
Como te chamas? Para que eu possa ao menos
Soletrar teu nome, grudada à tua fundura.

XI

Nos pauis, no pau-de-lacre,
Aquele de nervuras e de folhas brilhantes, transitas.
No pau de virar tripa, só neste último, Pai
Eu sei que te demoras, meditando minha víscera.

XII

Águas de grande sombra, água de espinhos:
O Tempo não roerá o verso da minha boca.
Águas manchadas de um torpor de vinhos:
Hei de tragá-las todas. E lúbrico, descontínuo
O TEMPO NÃO VIVERÁ SE TOCAR A MINHA BOCA.

ALCOÓLICAS

(1990)

a
Goffredo da Silva Telles Júnior
Ignacio da Silva Telles
José Aristodemo Pinotti
pelas águas intensas da amizade.

Drink we till we prove more, not less, than men,
And turn not beasts, but angels.
...........and forget to dy.*
RICHARD CRASHAW
(*poet and saint*)

---

* Em tradução livre: "Bebamos até provar que somos mais, não menos, que homens,/ E nos transformemos não em feras, mas em anjos./ ... e esqueçamos de morrer". (N. E.)

I

a Jamil Snege

É crua a vida. Alça de tripa e metal.
Nela despenco: pedra mórula ferida.
É crua e dura a vida. Como um naco de víbora.
Como-a no livor da língua
Tinta, lavo-te os antebraços, Vida, lavo-me
No estreito-pouco
Do meu corpo, lavo as vigas dos ossos, minha vida
Tua unha plúmbea, meu casaco *rosso*.
E perambulamos de coturno pela rua
Rubras, góticas, altas de corpo e copos.
A vida é crua. Faminta como o bico dos corvos.
E pode ser tão generosa e mítica: arroio, lágrima
Olho d'água, bebida. A Vida é líquida.

II

Também são cruas e duras as palavras e as caras
Antes de nos sentarmos à mesa, tu e eu, Vida
Diante do coruscante ouro da bebida. Aos poucos
Vão se fazendo remansos, lentilhas d'água, diamantes
Sobre os insultos do passado e do agora. Aos poucos
Somos duas senhoras, encharcadas de riso, rosadas
De um amora, uma que entrevi no teu hálito, amigo
Quando me permitiste o paraíso. O sinistro das horas
Vai se fazendo tempo de conquista. Langor e sofrimento
Vão se fazendo olvido. Depois deitadas, a morte
É um rei que nos visita e nos cobre de mirra.
Sussurras: ah, a Vida é líquida.

III

Alturas, tiras, subo-as, recorto-as
E pairamos as duas, eu e a Vida
No carmim da borrasca. Embriagadas
Mergulhamos nítidas num borraçal que coaxa.
Que estilosa galhofa. Que desempenados
Serafins. Nós duas nos vapores
Lobotômicas líricas, e a gaivagem
Se transforma em galarim, e é translúcida
A lama e é extremoso o Nada.
Descasco o dementado cotidiano
E seu rito pastoso de parábolas.
Pacientes, canonisas, muito bem-educadas
Aguardamos o tépido poente, o copo, a casa.

Ah, o todo se dignifica quando a Vida é líquida.

IV

E bebendo, Vida, recusamos o sólido
O nodoso, a friez-armadilha
De algum rosto sóbrio, certa voz
Que se amplia, certo olhar que condena
O nosso olhar gasoso: então, bebendo?
E respondemos lassas lérias letícias
O lusco das lagartixas, o lustrino
Das quilhas, barcas, gaivotas, drenos
E afasta-se de nós o sólido de fechado cenho.
Rejubilam-se nossas coronárias. Rejubilo-me
Na noite navegada, e rio, rio, e remendo

Meu casaco *rosso* tecido de açucena.
Se dedutiva e líquida, a Vida é plena.

V

Te amo, Vida, líquida esteira onde me deito
Romã baba alcaçuz, teu trançado rosado
Salpicado de negro, de doçuras e iras.
Te amo, Líquida, descendo escorrida
Pela víscera, e assim esquecendo

Fomes
País
O riso solto
A dentadura etérea
Bola
Miséria.

Bebendo, Vida, invento casa, comida
E um Mais que se agiganta, um Mais
Conquistando um fulcro potente na garganta
Um látego, uma chama, um canto. Ama-me.
Embriagada. Interdita. Ama-me. Sou menos
Quando não sou líquida.

VI

Vem, senhora, estou só, me diz a Vida.
Enquanto te demoras nos textos eloquentes

Aqueles onde meditas a carne, essa coisa
Que geme, sofre e morre, ficam vazios os copos
Fica em repouso a bebida, e tu sabes que ela é mais viva
Enquanto escorre. Se te demoras, começas a pensar
Em tudo que se evola, e cantarás: como é triste
O poente. E a casa como é antiga. Já vês
Que te fazes banal na rima e na medida.

Corre. O casaco e o coturno estão em seus lugares.
Carminadas e altas, vamos rever as ruas
E como dizia o Rosa: os olhos nas nonadas.
Como tu dizes sempre: os olhos no absurdo.

Vem. Liquidifica o mundo.

VII

Mandíbulas. Espáduas. Frente e avesso.
A Vida ressoa o coturno na calçada.
Estou mais do que viva: embriagada.
Bêbados e loucos é que repensam a carne o corpo
Vastidão e cinzas. Conceitos e palavras.
Como convém a bêbados grito o inarticulado
A garganta candente, devassada.
Alguns se ofendem. As caras são paredes. Deitam-me.
A noite é um infinito que se afasta. Funil. Galáxia.
Líquida e bem-aventurada, sobrevoo. Eu, e o casaco *rosso*
Que não tenho, mas que a cada noite recrio
Sobre a espádua.

VIII

O casaco *rosso* me espia. A lã
Desfazida por maus-tratos
É gasta e rugosa nas axilas.
A frente revela nódoas vivas
Irregulares, distintas
Porque quando arranco os coturnos
Na alvorada, ou quando os coloco rápida
Ao crepúsculo, caio sempre de bruços.
A Vida é que me põe em pé. E a sede.
E a saliva. A língua procura aquele gosto
Aquele seco dourado, e acaricia os lábios
Babando imprudente no casaco.

É bom e manso o meu casaco *rosso*
Às vezes grita: ah, se te lembrasses de mim
Quando prolixa. Lava-me, hilda.

IX

Se um dia te afastares de mim, Vida — o que não creio
Porque algumas intensidades têm a parecença da bebida
Bebe por mim paixão e turbulência, caminha
Onde houver uvas e papoulas negras (inventa-as)
Recorda-me, Vida: passeia meu casaco, deita-te
Com aquele que sem mim há de sentir um prolongado vazio.
Empresta-lhe meu coturno e meu casaco *rosso*:
                              [compreenderá
O porquê de buscar conhecimento na embriaguez da
                              [via manifesta.

Pervaga. Deita-te comigo. Apreende a experiência lésbica:
O êxtase de te deitares contigo. Beba.
Estilhaça a tua própria medida.

(1992)

Quem és? Perguntei ao desejo.
Respondeu: lava. Depois pó. Depois nada.

À memória de
Apolonio de Almeida Prado Hilst,
meu pai.

I

Porque há desejo em mim, é tudo cintilância.
Antes, o cotidiano era um pensar alturas
Buscando Aquele Outro decantado
Surdo à minha humana ladradura.
Visgo e suor, pois nunca se faziam.
Hoje, de carne e osso, laborioso, lascivo
Tomas-me o corpo. E que descanso me dás
Depois das lidas. Sonhei penhascos
Quando havia o jardim aqui ao lado.
Pensei subidas onde não havia rastros.
Extasiada, fodo contigo
Ao invés de ganir diante do Nada.

II

Ver-te. Tocar-te. Que fulgor de máscaras.
Que desenhos e ríctus na tua cara
Como os frisos veementes dos tapetes antigos.
Que sombrio te tornas se repito
O sinuoso caminho que persigo: um desejo
Sem dono, um adorar-te vívido mas livre.
E que escura me faço se abocanhas de mim
Palavras e resíduos. Me vêm fomes
Agonias de grandes espessuras, embaçadas luas
Facas, tempestade. Ver-te. Tocar-te.
Cordura.
Crueldade.

III

Colada à tua boca a minha desordem.
O meu vasto querer.
O incompossível se fazendo ordem.
Colada à tua boca, mas descomedida
Árdua
Construtor de ilusões examino-te sôfrega
Como se fosses morrer colado à minha boca.
Como se fosse nascer
E tu fosses o dia magnânimo
Eu te sorvo extremada à luz do amanhecer.

IV

Se eu disser que vi um pássaro
Sobre o teu sexo, deverias crer?
E se não for verdade, em nada mudará o Universo.
Se eu disser que o desejo é Eternidade
Porque o instante arde interminável
Deverias crer? E se não for verdade
Tantos o disseram que talvez possa ser.
No desejo nos vêm sofomanias, adornos
Impudência, pejo. E agora digo que há um pássaro
Voando sobre o Tejo. Por que não posso
Pontilhar de inocência e poesia
Ossos, sangue, carne, o agora
E tudo isso em nós que se fará disforme?

V

Existe a noite, e existe o breu.
Noite é o velado coração de Deus
Esse que por pudor não mais procuro.
Breu é quando tu te afastas ou dizes
Que viajas, e um sol de gelo
Petrifica-me a cara e desobriga-me
De fidelidade e de conjura. O desejo,
Este da carne, a mim não me faz medo.
Assim como me veio, também não me avassala.
Sabes por quê? Lutei com Aquele.
E dele também não fui lacaia.

VI

Aquele Outro não via minha muita amplidão.
Nada LHE bastava. Nem ígneas cantigas.
E agora vã, te pareço soberba, magnífica
E fodes como quem morre a última conquista
E ardes como desejei arder de santidade.
(E há luz na tua carne e tu palpitas.)

Ah, por que me vejo vasta e inflexível
Desejando um desejo vizinhante
De uma Fome irada e obsessiva?

VII

Lembra-te que há um querer doloroso
E de fastio a que chamam de amor.
E outro de tulipas e de espelhos
Licencioso, indigno, a que chamam desejo.
Há no caminhar um descaminho, um arrastar-se
Em direção aos ventos, aos açoites
E um único extraordinário turbilhão.
Por que me queres sempre nos espelhos
Naquele descaminhar, no pó dos impossíveis
Se só me quero viva nas tuas veias?

VIII

Se te ausentas há paredes em mim.
Friez de ruas duras
E um desvanecimento trêmulo de avencas.
Então me amas? te pões a perguntar.
E eu repito que há paredes, friez
Há molimentos, e nem por isso há chama.
DESEJO é um Todo lustroso de carícias
Uma boca sem forma, um Caracol de Fogo.
desejo é uma palavra com a vivez do sangue
E outra com a ferocidade de Um só Amante.
DESEJO é Outro. Voragem que me habita.

IX

E por que haverias de querer minha alma
Na tua cama?
Disse palavras líquidas, deleitosas, ásperas
Obscenas, porque era assim que gostávamos.
Mas não menti gozo prazer lascívia
Nem omiti que a alma está além, buscando
Aquele Outro. E te repito: por que haverias
De querer minha alma na tua cama?
Jubila-te da memória de coitos e de acertos.
Ou tenta-me de novo. Obriga-me.

X

Pulsas como se fossem de carne as borboletas.
E o que vem a ser isso? perguntas.
Digo que assim há de começar o meu poema.
Então te queixas que nunca estou contigo
Que de improviso lanço versos ao ar
Ou falo de pinheiros escoceses, aqueles
Que apetecia a Talleyrand cuidar.
Ou ainda quando grito ou desfaleço
Adivinhas sorrisos, códigos, conluios
Dizes que os devo ter nos meus avessos.

Pois pode ser.
Para pensar o Outro, eu deliro ou versejo.
Pensá-LO é gozo. Então não sabes? INCORPÓREO É O DESEJO.

(1992)

I

Vi as éguas da noite galopando entre as vinhas
E buscando meus sonhos. Eram soberbas, altas.
Algumas tinham manchas azuladas
E o dorso reluzia igual à noite
E as manhãs morriam
Debaixo de suas patas encarnadas.

Vi-as sorvendo as uvas que pendiam
E os beiços eram negros e orvalhados.
Uníssonas, resfolegavam.

Vi as éguas da noite entre os escombros
Da paisagem que fui. Vi sombras, elfos e ciladas.
Laços de pedra e palha entre as alfombras
E, vasto, um poço engolindo meu nome e meu retrato.

Vi-as tumultuadas. Intensas.
E numa delas, insone, a mim me vi.

II

Que canto há de cantar o que perdura?
A sombra, o sonho, o labirinto, o caos
A vertigem de ser, a asa, o grito.
Que mitos, meu amor, entre os lençóis:
O que tu pensas gozo é tão finito
E o que pensas amor é muito mais.
Como cobrir-te de pássaros e plumas
E ao mesmo tempo te dizer adeus
Porque imperfeito és carne e perecível

E o que eu desejo é luz e imaterial.

Que canto há de cantar o indefinível?
O toque sem tocar, o olhar sem ver
A alma, amor, entrelaçada dos indescritíveis.
Como te amar, sem nunca merecer?

III

Vem dos vales a voz. Do poço.
Dos penhascos. Vem funda e fria
Amolecida e terna, anêmonas que vi:
Corfu. No Mar Egeu. Em Creta.
Vem revestida às vezes de aspereza
Vem com brilhos de dor e madrepérola
Mas ressoa cruel e abjeta
Se me proponho ouvir. Vem do Nada.
Dos vínculos desfeitos. Vem dos ressentimentos.
E sibilante e lisa
Se faz paixão, serpente, e nos habita.

IV

Dirás que sonho o dementado sonho de um poeta
Se digo que me vi em outras vidas
Entre claustros, pássaros, de marfim uns barcos?
Dirás que sonho uma rainha persa
Se digo que me vi dolente e inaudita
Entre amoras negras, nêsperas, sempre-vivas?

Mas não. Alguém gritava: acorda, acorda, Vida.
E se te digo que estavas a meu lado
E eloquente e amante e de palavras ávido
Dirás que menti? Mas não. Alguém gritava:
Palavras... apenas sons e areia. Acorda.
Acorda, Vida.

V

Águas. Onde só os tigres mitigam a sua sede.
Também eu em ti, feroz, encantoada
Atravessei as cercaduras raras
E me fiz máscara, mulher e conjetura.
Águas que não bebi. Crepusculares. Cavas.
Códigos que decifrei e onde me vi mil vezes
Inconexa, parca. Ah, toma-me de novo
Antiquíssima, nova. Como se fosses o tigre
A beber daquelas águas.

VI

O que é a carne? O que é este Isso
Que recobre o osso
Este novelo liso e convulso
Esta desordem de prazer e atrito
Este caos de dor sobre o pastoso.
A carne. Não sei este Isso.

O que é o osso? Este viço luzente
Desejoso de envoltório e terra.

Luzidio rosto.
Ossos. Carne. Dois Issos sem nome.

VII

Dunas e cabras. E minha alma voltada
Para o fosco profundo da Tua Cara.
Passeio meu caminho de pedra, leite e pelo.
Sou isto: um alguém-nada que te busca.
Um casco. Um cheiro. Esvazia-me de perguntas.
De roteiro. Que eu apenas suba.

VIII

Costuro o infinito sobre o peito.
E no entanto sou água fugidia e amarga.
E sou crível e antiga como aquilo que vês:
Pedras, frontões no Todo inamovível.
Terrena, me adivinho montanha algumas vezes.
Recente, inumana, inexprimível
Costuro o infinito sobre o peito
Como aqueles que amam.

IX

Penso linhos e unguentos
Para o coração machucado de Tempo.

Penso bilhas e pátios
Pela comoção de contemplá-los.
(E de te ver ali
À luz da geometria de teus atos)
Penso-te
Pensando-me em agonia. E não estou.
Estou apenas densa
Recolhendo aroma, passo
O refulgente de ti que me restou.

X

Que te demores, que me persigas
Como alguns perseguem as tulipas
Para prover o esquecimento de si.
Que te demores
Cobrindo-me de sumos e de tintas
Na minha noite de fomes.
Reflete-me. Sou teu destino e poente.
Dorme.

BUFÓLICAS

(1992)

Ridendo castigat mores

O REIZINHO GAY

Mudo, pintudão
O reizinho gay
Reinava soberano
Sobre toda nação.
Mas reinava...
APENAS...
Pela linda peroba
Que se lhe adivinhava
Entre as coxas grossas.
Quando os doutos do reino
Fizeram-lhe perguntas
Como por exemplo
Se um rei pintudo
Teria o direito
De somente por isso
Ficar sempre mudo
Pela primeira vez
Mostrou-lhes a bronha
Sem cerimônia.
Foi um Oh!!! geral
E desmaios e ais
E doutos e senhoras
Despencaram nos braços
De seus aios.
E de muitos maridos
Sabichões e bispos
Escapou-se um grito.
Daí em diante
Sempre que a multidão
Se mostrava odiosa
Com a falta de palavras
Do chefe da Nação

O reizinho gay
Aparecia indômito
Na rampa ou na sacada
Com a bronha na mão.
E eram ós agudos
Dissidentes mudos
Que se ajoelhavam
Diante do mistério
Desse régio falo
Que de tão gigante
Parecia etéreo.
E foi assim que o reino
Embasbacado, mudo
Aquietou-se sonhando
Com seu rei pintudo.
Mas um dia...
Acabou-se da turba a fantasia.
O reizinho gritou
Na rampa e na sacada
Ao meio-dia:
Ando cansado
De exibir meu mastruço
Pra quem nem é russo.
E quero sem demora
Um buraco negro
Pra raspar meu ganso.
Quero um cu cabeludo!
E foi assim
Que o reino inteiro
Sucumbiu de susto.
Diante de tal evento...
Desse reino perdido
Na memória dos tempos
Só restaram cinzas
Levadas pelo vento.

Moral da estória:
a palavra é necessária
diante do absurdo.

A RAINHA CARECA

De cabeleira farta
De rígidas ombreiras
de elegante beca
Ula era casta
Porque de passarinha
Era careca.
À noite alisava
O monte lisinho
Co'a lupa procurava
Um tênue fiozinho
Que há tempos avistara.
Ó céus! Exclamava.
Por que me fizeram
Tão farta de cabelos
Tão careca nos meios?
E chorava.
Um dia...
Passou pelo reino
Um biscate peludo
Vendendo venenos.
(Uma gota aguda
Pode ser remédio
Pra uma passarinha
De rainha.)
Convocado ao palácio
Ula fez com que entrasse

No seu quarto.
Não tema, cavalheiro,
Disse-lhe a rainha
Quero apenas pentelhos
Pra minha passarinha.
Ó Senhora! O biscate exclamou.
É pra agora!
E arrancou do próprio peito
Os pelos
E com saliva de ósculos
Colou-os
Concomitante penetrando-lhe os meios.
UI! UI! UI! gemeu Ula
De felicidade.
Cabeluda ou não
Rainha ou prostituta
Hei de ficar contigo
A vida toda!
Evidente que aos poucos
Despregou-se o tufo todo.
Mas isso o que importa?
Feliz, mui contentinha
A Rainha Ula já não chora.

Moral da estória:
Se o problema é relevante,
apela pro primeiro passante.

DRIDA, A MAGA PERVERSA E FRIA

Pairava sobre as casas
Defecando ratas

Andava pelas vias
Espalhando baratas
Assim era Drida
A maga perversa e fria.
Rabiscava a cada dia o seu diário.
Eis o que na primeira página se lia:
Enforquei com a minha trança
O velho Jeremias.
E enforcado e de mastruço duro
Fiz com que a velha Inácia
Sentasse o cuzaço ralo
No dele dito cujo.
Sabem por quê?
Comeram-me a coruja.
Incendiei o buraco da Neguinha.
Uma crioula estúpida
Que limpava ramelas
De porcas criancinhas.
Perguntam-me por que
Incendiei-lhe a rodela?
Pois um buraco fundo
De régia função
Mas que só tem valia
Se usado na contramão
Era por neguinha ignorado.
Maldita ortodoxia!
Comi o cachorro do rei.
Era um tipinho gay
Que ladrava fino
Mas enrabava o pato do vizinho.
Depenei o pato.
Sabem por quê?
Cagou no meu cercado.
E agora vou encher de traques
O caminho dos magos.

Com minha espada de palha e bosta seca
Me voy a Santiago.

Moral da estória:
Se encontrares uma maga (antes
que ela o faça), enraba-a.

A CHAPÉU

Leocádia era sábia.
Sua neta "Chapéu"
De vermelho só tinha a gruta
E um certo mel na língua suja.
Sai bruaca
Da tua toca imunda! (dizia-lhe a neta)
Aí vem Lobão!
Prepara-lhe confeitos
Carnes, esqueletos
Pois bem sabes
Que a bichona peluda
É o nosso ganha-pão.
A velha Leocádia estremunhada
Respondia à neta:
Ando cansada de ser explorada
Pois da última vez
Lobão deu pra três
E eu não recebi o meu quinhão!
E tu, e tu, Chapéu, minha nega
Não fazendo nada
Com essa choca preta.
Preta de choca, nona,
Mas irmã do capeta.

Lobão: Que discussões estéreis
Que azáfama de línguas!
A manhã está clara e tão bonita!
Voejam andorinhas
Não vedes?
Tragam-me carnes, cordeiros,
Salsas verdes.
E por que tens, ó velha,
Os dentes agrandados?
Pareces de mim um arremedo!
Às vezes te miro
E sinto que tens um nabo
Perfeito pro meu buraco.
AAAAIII! Grita Chapéu.
Num átimo percebo tudo!
Enganaram-me! Vó Leocádia
E Lobão
Fornicam desde sempre
Atrás do meu fogão!

Moral da estória:
um id oculto mascara o seu produto.

O ANÃO TRISTE

De pau em riste
O anão Cidão
Vivia triste.
Além do chato de ser anão
Nunca podia
Meter o ganso na tia
Nem na rodela do negrão.

É que havia um problema:
O porongo era longo
Feito um bastão.
E quando ativado
Virava... a terceira perna do anão.
Um dia... sentou-se o anão triste
Numa pedra preta e fria.
Fez então uma reza
Que assim dizia:
Se me livrares, Senhor,
Dessa estrovenga
Prometo grana em penca
Pras vossas igrejas.
Foi atendido.
No mesmo instante
Evaporou-se-lhe
O mastruço gigante.
Nenhum tico de pau
Nem bimba nem berimbau
Pra contá o ocorrido.
E agora
Além do chato de ser anão
Sem mastruço, nem fole
Foi-se-lhe todo o tesão.
Um douto bradou: ó céus!
Por que no pedido que fizeste
Não especificaste pras Alturas
Que te deixasse um resto?
Porque pra Deus
O anão respondeu
Qualquer dica
É compreensão segura.
Ah, é, negão? então procura.

E até hoje
Sentado na pedra preta

O anão procura as partes pudendas...
Olhando a manhã fria.

Moral da estória:
Ao pedir, especifique tamanho
grossura, quantia.

A CANTORA GRITANTE

Cantava tão bem
Subiam-lhe oitavas
Tantas tão claras
Na garganta alva
Que toda vizinhança
Passou a invejá-la.
(As mulheres, eu digo,
porque os homens maridos
às pampas excitados
de lhe ouvir os trinados,
a cada noite
em suas gordas consortes
enfiavam os bagos.)
Curvadas, claudicantes
De xerecas inchadas
Maldizendo a sorte
Resolveram calar
A cantora gritante.
Certa noite... de muita escuridão
De lua negra e chuvas
Amarraram o jumento Fodão a um toco negro.
E pelos gorgomilos
Arrastaram também

A Garganta Alva
Pros baixios do bicho.
Petrificado
O jumento Fodão
Eternizou o nabo
Na garganta-tesão... aquela
Que cantava tão bem
Oitavas tantas tão claras
Na garganta alva.

Moral da estória:
Se o teu canto é bonito,
cuida que não seja um grito.

FILÓ, A FADINHA LÉSBICA

Ela era gorda e miúda.
Tinha pezinhos redondos.
A cona era peluda
Igual à mão de um mono.
Alegrinha e vivaz
Feito andorinha
Às tardes vestia-se
Como um rapaz
Para enganar mocinhas.
Chamavam-lhe "Filó, a lésbica fadinha".
Em tudo que tocava
Deixava sua marca registrada:
Uma estrelinha cor de maravilha
Fúcsia, bordô
Ninguém sabia o nome daquela cô.
Metia o dedo
Em todas as xerecas: loiras, pretas

Dizia-se até...
Que escarafunchava bonecas.
Bulia, beliscava
Como quem sabia
O que um dedo faz
Desde que nascia.
Mas à noite... quando dormia...
Peidava, rugia... e...
Nascia-lhe um bastão grosso
De início igual a um caroço
Depois...
Ia estufando, crescendo
E virava um troço
Lilás
Fúcsia
Bordô
Ninguém sabia a cô do troço
da Fadinha Filó.
Faziam fila na Vila.
Falada "Vila do Troço".
Famosa nas Oropa
Oiapoque ao Chuí
Todo mundo tomava
Um bastão no oiti.
Era um gozo gozoso
Trevoso, gostoso
Um arrepião nos meio!
Mocinhas, marmanjões
Ressecadas velhinhas
Todo mundo gemia e chorava
De pura alegria
Na Vila do Troço.
Até que um belo dia...
Um cara troncudão
Com focinho de tira

De beiço bordô, fúcsia ou maravilha
(ninguém sabia o nome daquela cô)
Sequestrou Fadinha
E foi morar na Ilha.
Nem barco, nem ponte
O troncudão nadando feito rinoceronte
Carregava Fadinha.
De pernas abertas
Nas costas do gigante
Pela primeira vez
Na sua vidinha
Filó estrebuchava
Revirando os óinho
Enquanto veloz veloz
O troncudão nadava.
A Vila do Troço
Ficou triste, vazia
Sorumbática, tétrica
Pois nunca mais se viu
Filó, a Fadinha lésbica
Que à noite virava fera
E peidava e rugia
E nascia-lhe um troço
Fúcsia
Lilás
Maravilha
Bordô
Até hoje ninguém conhece
O nome daquela cô.
E nunca mais se viu
Alguém-Fantasia
Que deixava uma estrela
Em tudo que tocava
E um rombo na bunda
De quem se apaixonava.

Moral da estória, em relação à Fadinha:
Quando menos se espera, tudo reverbera.

Moral da estória, em relação ao morador
da Vila do Troço:

Não acredite em fadinhas.
Muito menos com cacete.
Ou somem feito andorinhas
Ou te deixam cacoetes.

CANTARES DO SEM NOME E DE PARTIDAS

(1995)

*A André Pinotti
e à memória de
Mirella Pinotti*

Ó tirânico Amor, ó caso vário
Que obrigas um querer que sempre seja
De si contínuo e áspero adversário...
LUÍS VAZ DE CAMÕES

Cubram-lhe o rosto, meus olhos ofuscam-se;
ela morreu jovem.
JOHN WEBSTER

I

Que este amor não me cegue nem me siga.
E de mim mesma nunca se aperceba.
Que me exclua do estar sendo perseguida
E do tormento
De só por ele me saber estar sendo.
Que o olhar não se perca nas tulipas
Pois formas tão perfeitas de beleza
Vêm do fulgor das trevas.
E o meu Senhor habita o rutilante escuro
De um suposto de heras em alto muro.

Que este amor só me faça descontente
E farta de fadigas. E de fragilidades tantas
Eu me faça pequena. E diminuta e tenra
Como só soem ser aranhas e formigas.

Que este amor só me veja de partida.

II

E só me veja

No não merecimento das conquistas.
De pé. Nas plataformas, nas escadas
Ou através de umas janelas baças:
Uma mulher no trem: perfil desabitado de carícias.
E só me veja no não merecimento e interdita:
Papéis, valises, tomos, sobretudos

Eu-alguém travestida de luto. (E um olhar
de púrpura e desgosto, vendo através de mim
navios e dorsos.)

Dorsos de luz de águas mais profundas. Peixes.
Mas sobre mim, intensas, ilhargas juvenis
Machucadas de gozo.

E que jamais perceba o *rocio* da chama:
Este molhado fulgor sobre o meu rosto.

III

Isso de mim que anseia despedida
(Para perpetuar o que está sendo)
Não tem nome de amor. Nem é celeste
Ou terreno. Isso de mim é marulhoso
E tenro. Dançarino também. Isso de mim
É novo: Como quem come o que nada contém.
A impossível oquidão de um ovo.
Como se um tigre
Reversivo
Veemente de seu avesso
Cantasse mansamente.

Não tem nome de amor. Nem se parece a mim.
Como pode ser isso? Ser tenro, marulhoso
Dançarino e novo, ter nome de ninguém
E preferir ausência e desconforto
Para guardar no eterno o coração do outro.

IV

E por quê, também não doloso e penitente?
Dolo pode ser punhal. E astúcia, logro.
E isso sem nome, o despedir-se sempre
Tem muito de sedução, armadilhas, minúcias
Isso sem nome fere e faz feridas.
Penitente e algoz:
Como se só na morte abraçasses a vida.

É pomposo e pungente. Com ares de santidade
Odores de cortesã, pode ser carmelita
Ou Catarina, ser menina ou malsã.

Penitente e doloso
Pode ser o sumo de um instante.
Pode ser tu-outro pretendido, teu adeus, tua sorte.
Fêmea-rapaz, isso sem nome pode ser um todo
Que só se ajusta ao Nunca. Ao Nunca Mais.

V

O Nunca Mais não é verdade.
Há ilusões e assomos, há repentes
De perpetuar a Duração.
O Nunca Mais é só meia-verdade:
Como se visses a ave entre a folhagem
E ao mesmo tempo não.
(E antevisses
Contentamento e morte na paisagem.)

O Nunca Mais é de planície e fendas.
É de abismos e arroios.
É de perpetuidade no que pensas efêmero
E breve e pequenino
No que sentes eterno.

Nem é corvo ou poema o Nunca Mais.

VI

Tem nome veemente. O Nunca Mais tem fome.
De formosura, desgosto, ri
E chora. Um tigre passeia o Nunca Mais
Sobre as paredes do gozo. Um tigre te persegue.
E perseguido és novo, devastado e outro.
Pensas comicidade no que é breve: paixão?
Há de se diluir. Molhaduras, lençóis
E de fartar-se,
O nojo. Mas não. Atado à tua própria envoltura
Manchado de quimeras, passeias teu costado.

O Nunca Mais é a fera.

VII

Rios de rumor: meu peito te dizendo adeus.
Aldeia é o que sou. Aldeã de conceitos
Porque me fiz tanto de ressentimentos
Que o melhor é partir. E te mandar escritos.

Rios de rumor no peito: que te viram subir
A colina de alfafas, sem éguas e sem cabras
Mas com a mulher, aquela,
Que sempre diante dela me soube tão pequena.
Sabenças? Esqueci-as. Livros? Perdi-os.
Perdi-me tanto em ti
Que quando estou contigo não sou vista
E quando estás comigo veem aquela.

VIII

Aquela que não te pertence por mais queira
(Porque ser pertencente
É entregar a alma a uma Cara, a de áspide
Escura e clara, negra e transparente), Ai!
Saber-se pertencente é ter mais nada.
É ter tudo também.
É como ter o rio, aquele que deságua
Nas infinitas águas de um sem-fim de ninguéns.
Aquela que não te pertence não tem corpo.
Porque corpo é um conceito suposto de matéria
E finito. E aquela é luz. E etérea.

Pertencente é não ter rosto. É ser amante
De um Outro que nem nome tem. Não é Deus nem Satã.
Não tem ilharga ou osso. Fende sem ofender.
É vida e ferida ao mesmo tempo, "esse"
Que bem me sabe inteira pertencida.

IX

Ilharga, osso, algumas vezes é tudo o que se tem.
Pensas de carne a ilha, e majestoso o osso.
E pensas maravilha quando pensas anca
Quando pensas virilha pensas gozo.
Mas tudo mais falece quando pensas tardança
E te despedes.
E quando pensas breve
Teu balbucio trêmulo, teu texto-desengano
Que te espia, e espia o pouco tempo te rondando a ilha.
E quando pensas VIDA QUE ESMORECE. E retomas
Luta, ascese, e as mós vão triturando
Tua esmaltada garganta... Mas assim mesmo
Canta! Ainda que se desfaçam ilhargas, trilhas...
Canta o começo e o fim. Como se fosse verdade
A esperança.

X

Como se fosse verdade encantações, poemas
Como se Aquele ouvisse arrebatado
Teus cantares de louca, as cantigas da pena.
Como se a cada noite de ti se despedisse
Com colibris na boca.
E candeias e frutos, como se fosses amante
E estivesses de luto, e Ele, o Pai
Te fizesse porisso adormecer...
(Como se se apiedasse porque humana
És apenas poeira,
E Ele o grande Tecelão da tua morte: a teia).

Como se fosse vão te amar e por isso perfeito.
Amar o perecível, o nada, o pó, é sempre despedir-se.
E não é Ele, o Fazedor, o Artífice, o Cego
O Seguidor disso sem nome? isso...

O amor e sua fome.

POEMAS INÉDITOS, VERSÕES E ESPARSOS

Na Casa do Sol, onde Hilda viveu e escreveu a maior parte de sua obra, está toda sorte de resquícios de intimidade: cartas, agendas, desenhos, mapas astrais, sua biblioteca. Ali estão guardadas, por exemplo, as muitas cartas dedicadas a Mora Fuentes, seu grande amigo, e uma série de registros cotidianos: contas a pagar, recortes de jornal, anotações esparsas, um ou outro poema datilografado, mas pouca coisa inédita. No acervo da autora mantido no CEDAE, na Unicamp — extremamente bem cuidado, com preservação e catalogação impecáveis —, está a maior parte do material inédito aqui publicado. O arquivo de Campinas contempla a heterogeneidade da obra de Hilda Hilst: poesia, ficção, teatro, correspondência, desenhos etc. Muitos dos poemas estão escritos a caneta, outros estão datilografados e, frequentemente, contêm emendas manuscritas. Nesta seleção, há versões e poemas escritos em décadas diferentes — inclusive um de juventude, que contrasta, no estilo, com os da maturidade. Nos poemas aqui reunidos, estão presentes temas que percorrem toda a obra da autora, como a tentativa de interlocução com Deus, a morte e o riso. (N. E.)

Para o amigo Daniel

Eu sou a Monstra.
Procuro o Daniel
Para desenhar comigo
A Monstra no papel.

Eu sou assim?
A bruxa do mato
Montada num cavaco?

(atenção: é cavaco e não cavalo)

Ou sou assado?
Gorda e assustada
Como a porca no prato?

Sou comprida e fina
Um arame ou lombriga?
Ou sou estufada
Igual a minha barriga?

Ou sou só monstrenga
Quando quero briga?

Eu sou a Monstra
De muitas caras.
Tenho mil capas.
Posso ser roseira
Posso ser sucata.

Sou astronauta

Posso ser rainha
Posso ser vassoura
Posso ser um corvo
E astronauta.

E tenho um segredo:
Eu tenho um amigo.
E gosto tanto dele
Como gosto dos dedos.

Dos dedos?
Pergunta o Sapo
Esgoelando no lago.
E a Monstra responde:
Os dedos seguram canetas
E batem nas teclas
Escrevem poemas e cartas.

E o que seria da Monstra
De maos amputadas?

E o que seria da Monstra
Se não fosse poeta
Para brincar de medo
De magia, de loucura
E de dedo.

Hilst/88.

Poema escrito em 1988 para Daniel Fuentes, filho de Jose Luis Mora Fuentes, grande amigo de Hilda Hilst, que também viveu na Casa do Sol. "Sapo" era o apelido pelo qual Hilda se referia a Mora Fuentes. (N. E.)

III

Não existe amanhã...
Amanhã será um grande dia triste
como o dia de hoje.

Amanhã, vou chegar perto daquela árvore
ao lado do rio, e de qualquer modo
    me matarei.

Não importa o que os amigos vão dizer
nem a decepção que Augusto meu grande
    e maior amigo vai ter.

Talvez eu precisasse dizer aos outros
muita coisa, mas seria inútil porque
nem o homem, nem a mulher amiga,
haveriam de realizar o sentido imenso
    dessa minha conclusão.

Eu desejei amigos e livros: Tive.
Desejei amor, também tive...
apesar de ele nunca me ter dito.

Amanhã desejarei morrer.
Mas vou morrer sem barulho, docemente
e ninguém vai descobrir o quanto eu
compreendi para chegar ao final.

Escutem, meus amigos: A morte é grande
muito grande, imensa, e se todos
compreendessem, haveriam de morrer
sem barulho, docemente como eu.

Vou matar-me amanhã.
E que dia comprido o dia de hoje.

Poema publicado na Revista Colégio —
revista de cultura e arte — *n. 5. São Paulo, 1949.**

•

~~Como te posso perder~~
~~Se tu és de mim a luz o lago~~
~~Que do eterno me pertencem?~~
Como queres que eu te procure a ti
Se o coração no nunca esteve ausente
Da matéria de dentro também tua

E te nomeia a segundos
Como se à volta de um náufrago
O pensamento fizesse luzir candeias?

Como queres que um fogo se divida
Se nasceu veio de um sassafrás pungente?

Tenho matado em sonhos
Quem me afasta de ti.
Tenho roubado a terra do teu passo.

---

* Embora este poema nunca tenha saído em livro, na mesma edição da *Revista Colégio* foram publicados também pela primeira vez outros três poemas de Hilda Hilst que seriam incluídos, com algumas alterações, em seu primeiro título, *Presságio*: "Maria anda como eu [...]"; "Dia doze... e eu não suportarei [...]" e "Amiga, muito amiga [...]". A revista foi localizada e doada ao CEDAE pelo pesquisador Rui Moreira Leite. A pesquisadora Milena Wanderley identificou as versões e o "ineditismo" dos textos. (N. E.)

E hei de desmentir qualqueres
Que digam que te carregam mais
Do que eu a ti, ah, esses ventres de lebres.

Como te perder, se sou contigo espírito?
E como posso ferir o imperecível
Se sem ele minha Casa é apenas carne
Escuridão do Nada e do Disforme?

30 de maio de 1985
Datilografado. Acervo Unicamp.

I
Ai, que translúcido te fazes
Que maravilha teus ares
Ai, bem-querer de mim!
Tu
Nos teus palanquins do alto
Olhando-me tão ferida
Tão mula velha
Tão carne de despedida
Tão ossos
Tão tudo que regozija
Tua garganta de brisa!
Vem. Engole-me inteira
No teu exílio de esteiras!

II
Barganha-me nas feiras
Em proveito Teu:
Mula que se fez musa
(Porque deitou com Deus)
Na grande noite escura
Do Teu riso.

II

No teu leito de lírios
Lambe-me o pelo
Agora reluzente
De remansos de zelo.
Devolve-me a cabeça
(Pois mula que sou
E deitada com o Pai
Isso talvez se faça ou aconteça)
Rodeia-a de rosas
Como os humanos fazem
À guisa de louros
Com os seus mais preclaros.
Barganha-me nas feiras
Em proveito Teu:
Mula que se fez musa
(Porque deitou com Deus)
Na grande noite escura
Do Teu riso.

III (3ª VERSÃO)

No teu leito de lírios
Lambe-me o pelo
Agora reluzente
De remansos de zelo.
Devolve-me a cabeça
(Pois mula que sou
E deitada com o Pai
Isso talvez se faça ou aconteça)
Rodeia-a de rosas encarnadas
Como os humanos fazem
À guisa de louros
Com os seus mais preclaros.
Barganha-me nas feiras
Em proveito Teu:

Mula que se fez musa
Na grande noite fulva
Porque deitou com Deus

> *Datilografados (com exceção da primeira*
> *versão da parte II, escrita à mão).*
> *Sem data. Acervo Unicamp.*

●

Desosso a rima.
Fica-me o osso.
Lavadas línguas
Lambem-te o dorso.
Destorço este cordão de penas.
Emplumo-me. Alço voo.
E vertical mas morto
Caio espatifada no poema.

> (*1ª versão*)

Desosso a rima.
Fica-me o osso.
Lavadas águas
Lambem-me o dorso.
Destorço meu cordão de penas
Emplumo-me. Alço voo.
E caio espatifada no poema.

> (*2ª versão*)
> *Ambos escritos à mão. Sem data. Acervo Unicamp.*

À LA ADÉLIA

lavo panelas roupas e pratos
e me sinto um trapo.
meu homem me engana
com as minas bacanas
vestidas de prata, brinco brilhante

devo dizer
lavo as minhas panelas
e me sinto bela
como diz Adélia?

levanto cansada
carregando a pasta
entro no meu carro
e penso: como era bom
quando o homem provia
o sustento da casa
dos filhos e filhas.
como era bom
quando o homem provia!

amei casei pari
e agora de noite
meu homem namora
as mulheres do vídeo
moçoilas fagueiras
belas rameiras
e eu me pergunto
vida correta pra quê?
vontade de mudar o mundo
ser Joana de baixo
como a cada noite

no vídeo se vê.
devo bater
o osso no prato
e não achar um saco?

Datilografado com emendas à mão.
Sem data. Acervo Unicamp.

MARIO SCHENBERG: AMADO ALGUÉM

Disse-lhe um dia: aquela te ama.
Deita-te com ela. Ando cansada
De lhe ouvir confissões a toda hora.
Os olhos cerrados, a fala mansa
Respondeu-me: "E como posso?
Se o que ela pintou de mais humano
Foi uma poça d'água..." Era pintora aquela.
Disse-me um dia: "Vivemos juntos. No Egito.
Uma vida antiga. Sabias?"
Não.
E falávamos de possíveis universos
Das infinitas matérias. Ele dizia:
"Não contes a ninguém... mas acredito
Acredito, acredito."
Hospedou-se em minha casa
Quando o perseguiam. Às vezes saía à noite:
Chapéu, charuto, casaco. Ríamos
Dos disfarces absurdos: tão ele.
Todos o reconheciam.
Juntos inauguramos
Um ciclo de palestras na Unicamp:

Física. Poesia. Rigor. Magia.
Amado Mario. Lúcido ao infinito.
Veemente. Humilde.
Igual a todos os gigantes.
No silêncio é que nos entendíamos.

> *Datilografado com emendas à mão.*
> *Sem data. Acervo Unicamp.*

●

Não me lamentes à noite, eu sob a terra.
Chora um pouco o amor que te tomei
E dei-o antecipadamente a ela.
Mas não chores demais. E também não esqueças.
Por que direi que ficarei contente
Se à tarde caminhares sobre o verde
Com teu andar curioso e adolescente
Acompanhando um outro andar igual?
Eu não direi. Mas nunca me lamentes.

E também não esqueças do vento dos passeios
E os arabescos inúteis do pátio de recreios
Na visita de amor à pequenina irmã.
Como nos rimos então! Olhávamos o alto, a torre
O infinito e todos ao redor olhavam aquele chão!

Mas nunca me lamentes. Chora um pouco, isto sim
A brevidade crua deste amor presente.

> *Datilografado com emendas à mão.*
> *Sem data. Acervo Unicamp.*

•

Não vou morrer. Há construções
Grafias, mandalas, atalhos
A percorrer. Há liames, pontes,
Consanguinidade.
E tantas coisas tão distantes
E tão perto de mim

Que hei de passar milênios
A separar o equidistante.
Há teu corpo. E tua boca
A me dizer: vive. Ama-me.
Persegue-me. E com tantas delongas
Como posso ser uma e ser tão breve?

Poema em carta datilografada a Mora Fuentes.
Sem data. Arquivo Casa do Sol.

•

Um triângulo nas mãos
E através vejo a casa.
Janela e geometria
Que me escapam.

Porque arquiteto
Repenso a construção
Das moradas que vi
No corpo dos desertos

Rápidas pinceladas
Como se o tigre
deixasse seu traço
Caçando o peixe n'água.

Repenso linhas
Sobre as rochas de um mapa
Que nunca desenhei
Mas adivinho

Revejo
Compulsão e fastídio dos afetos
O ocre sobre o corpo vivo.

E depois a poeira do sopro
A mancha sobre todos os livros
E sobre qualquer corpo.

Em clara reflexão
Entendo e desaprendo
Conquista, paixão
Esquecimento.

Escrito à mão, sem data.
Acervo Unicamp.

●

Que sorriso de linhos
Que galhofa de prendas
Eu entre os ninhos
De tua senda.

Juncos. Moinhos.
Perder-me. Amar.
Sei tudo desses rios
Que deságuam no mar.

E sei tudo de ti:
Pensamento, conceito.
Disperso, rarefeito
Sabes de mim o quê?

9 de novembro de 1990
Datilografado. Arquivo Casa do Sol.

●

O escritor e seus múltiplos vêm vos dizer adeus.
Tentou na palavra o extremo-tudo
E esboçou-se santo, prostituto e corifeu. A infância
Foi velada: obscura na teia da poesia e da loucura.
A juventude apenas uma lauda de lascívia, de frêmito
Tempo-Nada na página.
Depois, transgressor metalescente de percursos
Colou-se à compaixão, abismos e à sua própria sombra.
Poupem-no do desperdício de explicar o ato de brincar.
A dádiva de antes (a obra) excedeu-se no luxo.
O Caderno Rosa é apenas resíduo de um "Potlatch".
E hoje, repetindo Bataille:
"Sinto-me livre para fracassar".

Quarta capa da primeira edição de Amavisse, *1989.*

Posfácio

Victor Heringer

> *Olha-me de novo. Com menos altivez.*
> *E mais atento.*
> Hilda Hilst, "Dez chamamentos ao amigo", I

HILDA HILST nasceu em Jaú (SP) às 23h45 do dia 21 de abril de 1930, quinze minutos antes da data em que se comemora o *achamento* do Brasil pelos portugueses. O Brasil, por sua vez, demorou um tanto mais para descobrir Hilda Hilst. Em sua trajetória não faltam elogios de críticos contemporâneos, como o hoje conhecido texto de Anatol Rosenfeld sobre a sua produção múltipla,[1] ou entrevistas a grandes veículos de comunicação. No entanto, o descompasso entre *ser vista* e *ser lida* foi uma constante no trabalho de Hilst. A publicação desta *Da poesia* se inscreve no rol de iniciativas que buscam acertar esse compasso.

A própria autora sabia da necessidade de construir um público para o seu trabalho e da dificuldade que enfrentava no mercado: "Meu editor fica sempre chateadíssimo e diz: 'Hilda, você não vende nada. É uma coisa horrorosa'. É, até gostariam que eu saísse pelo país inteiro, falando que nem uma louca para ficar vendendo", como afirmou em entrevista.[2]

---

1 "Hilda Hilst: poeta, narradora, dramaturga", prefácio à primeira edição do livro *Fluxo-floema*, publicada em 1970.

2 Recolhida no volume *Fico besta quando me entendem: Entrevistas com Hilda Hilst*, organizado por Cristiano Diniz (São Paulo: Globo, 2013).

Não são poucas as vezes em que a vemos declarar que estava insatisfeita com a recepção de seus livros. Com a franqueza espirituosa que associamos à sua figura, chegou a dizer que escreveu *O caderno rosa de Lori Lamby* (1990) porque ganharia dinheiro como escritora erótica.[3] E, ao ser perguntada como era ser poeta no Brasil, respondeu, em síntese perfeita: "É uma merda".

Ela queria ser lida, lida *mesmo*, por leitores atentos. Suas entrevistas revelam como a própria autora se dedicou a construir sua imagem pública e a reivindicar espaço no meio literário. Essa autoconstrução, que dançou ao sabor dos *capricci* da imprensa, apesar da constante tensão com eles, desaguou na imagem que hoje se tem de Hilda Hilst. Hilda, a reclusa da Casa do Sol, com dezenas de cães. Hilda, que apareceu no *Fantástico* nos anos 1970 dizendo que gravava as vozes dos mortos. Hilda provocadora, desbocada, obscena, meio louca, eremita, arredia, indomesticável... Os adjetivos são muitos, e quase todos indicam certo *descontrole*. Essa aura parece dizer mais sobre aqueles que a tentam rotular do que sobre a própria Hilda ou seu trabalho, ao qual, como o leitor pôde atestar, não falta rigor.

Essa imagem, segundo Cristiano Diniz, acabou por dificultar o acesso à obra,[4] revestindo-a com um misto de impenetrabilidade e fama. Hilst, como Joyce, teria se tornado uma autora que muitos conhecem e poucos leem. No entanto, a profusão de teses, dissertações e artigos sobre sua obra, além das novas edições de seus livros, aponta para um crescente entusiasmo. Imagino que lhe agradaria.

---

3 Helder Ferreira, "Na casa de Hilda". *Cult*, São Paulo, n. 201, maio 2015. Disponível em: <http://bit.ly/2e9KtPc>.

4 Para uma discussão mais aprofundada nesse terreno, indico a resenha de Luisa Destri, "As entrevistas de Hilda Hilst". (*Teresa*, São Paulo, n. 15, 2015. Disponível em: <http://bit.ly/2dBytmu>.)

II

Em pouco mais de cinquenta anos de carreira, Hilda Hilst publicou mais de vinte volumes de poesia, produziu outra dúzia de livros de ficção e oito peças de teatro. A avaliação feita por Anatol Rosenfeld no texto citado é acertada: Hilst pertence a um raro grupo de escritores "que experimentam cultivar os três gêneros fundamentais de literatura — a poesia lírica, a dramaturgia e a prosa narrativa — alcançando resultados notáveis nos três campos".

Mais do que isso, porém, o trabalho de Hilst desafia as fronteiras dos gêneros tradicionais, tornando-as porosas e permitindo comércio livre entre o que costumeiramente se entendia por *poema*, *romance* ou *drama*. Em seus textos em prosa, diz Rosenfeld, "todos os gêneros se fundem". Na poesia e no teatro, os influxos mútuos também estão presentes.

Podemos situar o início dessa troca entre gêneros no final dos anos 1960, quando Hilst começa a escrever para o teatro, ou mais precisamente em 1970, quando estreia na ficção com *Fluxo-floema*. Em 1974, com a publicação de *Júbilo, memória, noviciado da paixão*, primeiro volume de poemas a vir a público após o período de expansão formal, a poesia também entra na ciranda: "neste momento de sua obra a escritora começa a quebrar a noção dos gêneros. O dramático migra para a poesia, esta para o drama, este para a prosa", nas palavras de Edson Costa Duarte.[5]

Por exemplo, basta pensar em um livro como *Bufólicas* (1992), volume em versos, parte da chamada tetralogia obscena (juntamente com *O caderno rosa de Lori Lamby*, *Contos d'escárnio* e *Cartas de um sedutor*, geralmente classificados como "prosa"). Segundo Mailza Rodrigues, *Bufólicas*, assim como os três primeiros volumes da tetralogia, é um

---

5 "As várias faces da poesia de Hilda Hilst". *Nau Literária*, Rio Grande do Sul, UFRGS, v. 10, n. 2, jul.-dez. 2014.

híbrido de verso e prosa: "se na trilogia a poesia invadia a prosa, aqui nos deparamos com sete pequenas composições narrativas narradas em verso, parodiando e avacalhando barbaramente os contos de fadas".[6]

Para concluir e matizar a discussão, podemos resumir a posição de Hilda na questão dos gêneros segundo as distinções feitas por Ricardo Domeneck, que vão além da mera tipologia textual:

> Se o poeta é aquele que apresenta completa consciência da materialidade da linguagem, podemos sentir tal fator em todos os textos de Hilst, tanto os que apresentam quebras de linha, sendo assim chamados de poemas, e os que se expandem em linhas até a margem direita da página, considerados por isso prosa. Ao mesmo tempo, se a poesia de Hilda Hilst apresenta uma limpidez sintática que a aproxima da prosa, sua prosa lança mão de uma densidade semântica que geralmente associamos à poesia.[7]

III

Há no trabalho de Hilst uma vontade fundamental de diálogo — não só com o leitor, como vimos, e nem só entre gêneros literários. O desejo de comunicação se estende à história da literatura, aos alicerces da arte.

---

6 Mailza Rodrigues Toledo e Souza, *Do corpo ao texto: A mulher inscrita/ escrita na poesia de Hilda Hilst e Ana Paula Tavares*. São Paulo: FFLCH-USP, 2009. (Doutorado em Estudos Comparados de Língua Portuguesa).

7 A partir dessa conclusão, abre-se um debate maior sobre a própria conceituação dos gêneros literários, sua reformulação e diluição, ou até mesmo sobre as fronteiras entre diferentes formas de arte. Uma discussão importante, mas que transcende os limites deste posfácio. O trecho de Ricardo Domeneck foi retirado de um estudo da obra de Hilst, "Hilda Hilst e o cubo de gelo ancorado no riso", ainda no prelo.

Sua obra poética retorna às origens da língua e se deslumbra com os cantares galego-portugueses. Os *Dez chamamentos ao amigo* ou as *Trovas de muito amor para um amado senhor*, por exemplo, remetem às cantigas de amor e de amigo do trovadorismo ibérico, e não há como um leitor de Hilst não reconhecê-la nas famosas cantigas de escárnio e maldizer.[8] Sua obra se apropriou tão completamente dessa tradição que, num golpe de anacronismo, é impossível não sentir um *sabor hilstiano* em cantigas como esta, do século XIII, de autoria de João Soares Coelho (recolhida no *Cancioneiro da Vaticana*):

Deitarom-vos comigo os meus pecados;
cuidades de mi preitos tam desguisados,
cuidades dos colhões, que trag'inchados,
ca o som com foder e é com maloutia.
   Par Deus, Luzia Sánchez, Dona Luzia,
   se eu foder-vos podese, foder-vos-ia.[9]

E a conversa se alastra para os textos do hinduísmo (como em *Via espessa*, no qual há referências aos *Upanishads*), a lírica latina (nas diversas citações a Catulo) e os grandes nomes da literatura ocidental: Donne, Hölderlin, Kazantzákis, Pessoa, Rilke, Eliot, René Char, Saint-John Perse e Beckett, para citar os principais. O alcance de Hilst é impressionante e inclui seus contemporâneos e amigos, como Caio Fernando Abreu, Cecília Meireles, Jorge de Lima, Drummond e Lygia Fagundes Telles.

---

8 Para uma visão mais abrangente sobre a lírica medieval galego-portuguesa, suas especificidades e diferentes categorizações, recomendo a alentada antologia crítica de Lênia Márcia Mongelli, *Fremosos cantares* (São Paulo: Martins Fontes, 2009).

9 Trata-se da última estrofe da cantiga. Para lê-la inteira, com notas elucidativas, acessar o site do projeto Littera, da Universidade Nova de Lisboa: <http://bit.ly/2f4vMuZ>.

Ouso dizer que também suas aquarelas em *Da morte. Odes mínimas*, aparentemente despretensiosas,[10] podem ser pensadas não só como vontade de expansão formal (a exploração de outra arte e outras técnicas), mas também como ressignificação de uma das mais antigas expressões da espécie: a pintura rupestre, em que besta e homem comungam em pé de igualdade.[11]

Esse desejo de comunicação, que levou Hilst a transitar radicalmente no mundo, entre formas e tradições, é essencial para se compreender sua obra, como foi bem colocado no artigo de Rosenfeld:

> Há, em Hilda Hilst, uma recusa do outro e, ao mesmo tempo, a vontade de se "despejar" nele, de nele encontrar algo de si mesma, já que sem esta identidade "nuclear" não existiria o diálogo na sua acepção verdadeira.

Para entender realmente — *poeticamente*, pois — o caroço desse desejo, precisamos nos voltar para a poesia de Hilda, escrita por mãos vivas, de corpo vivo:

> *Quem és? Perguntei ao desejo.*
> *Respondeu: lava. Depois pó. Depois nada.*

Estes são os dois primeiros versos de *Do desejo* (1992), e podemos considerá-los a pedra fundamental do livro. Numa

---

10 De acordo com Mora Fuentes, em depoimento dado à pesquisadora Lívia Carolina Alves da Silva, "a produção das pinturas se deu quase de forma incidental, pois, segundo ele, Hilda fora visitá-lo em sua casa e viu ele e a sua esposa pintando e se sentiu motivada a pintar" (em artigo disponível on-line: <http://bit.ly/2fFY4Og>).

11 Segundo Alcir Pécora, nas aquarelas de Hilst "certo primitivismo surrealista reforça a atmosfera exótica e onírica onde se indistinguem o próprio e o outro" ("Nota do organizador", in *Da Morte. Odes Mínimas*. São Paulo: Globo, 2003).

primeira leitura, parece se tratar de uma descrição quase *matter of fact*: eis a trajetória do desejo, como a da vida (o escolar "nasce, cresce, se reproduz e morre"). No entanto, o eco interno no segundo verso ("lava"←→ "nada") desafia a curva descendente. Em sua dimensão rítmico-sonora, o poema fala do ciclo desejante que deve nos guiar em qualquer leitura da obra de Hilst. Da lava ao nada, mas também do nada à lava. Aí está a vida borbulhante que, por saber que será pó e depois nada, se recusa a entrar gentilmente na arquifamosa *"good night"* de Dylan Thomas.[12] E busca todos os diálogos ("Extasiada, fodo contigo/ Ao invés de ganir diante do Nada", diz o primeiro poema desse mesmo livro). E renasce.

Porque nem a morte, em Hilst, é pó e nada.

IV

Hilda Hilst morreu na madrugada de 4 de fevereiro de 2004, em Campinas (sp), depois de décadas de conversa com a morte. De tão íntima, a morte ganhava novos nomes em sua poesia, nomes pouco solenes, como os apelidos carinhosos que damos aos amantes e amigos próximos, quase sempre incompreensíveis para quem vê de fora:

> *Te batizar de novo.*
> *Te nomear num trançado de teias*
> *E ao invés de Morte*
> *Te chamar   Insana*
> *   Fulva*

---

12 Do poema "Do not Go Gentle into that Good Night": *"Do not go gentle into that good night,/ Old age should burn and rave at close of day;/ Rage, rage against the dying of the light".* Na tradução de Augusto de Campos: "Não vás tão docilmente nessa noite linda;/ Que a velhice arda e brade ao término do dia;/ Clama, clama contra o apagar da luz que finda" (*Poesia da recusa*. São Paulo: Perspectiva, 2006).

> *Feixe de flautas*
> *Calha*
> *Candeia*
> *Palma, por que não?*
> *Te recriar nuns arco-íris*
> *Da alma, nuns possíveis*
> *Construir teu nome*
> *E cantar teus nomes perecíveis:*
> *Palha*
> *Corça*
> *Nula*
> *Praia*
> *Por que não?*

Tal conversa foi, como não poderia deixar de ser, um monólogo para duas vozes. No entanto, gosto de crer que, pelo menos uma vez antes do encontro decisivo, a morte ela-mesma respondeu.

Há uma passagem folclórica na biografia de Hilda Hilst, os anos em que a poeta se dedicou ao Fenômeno da Voz Eletrônica (EVP, na sigla em inglês), isto é, ruídos semelhantes à fala capturados por meio de aparelhos sonoros, interpretados como mensagens do Além. Inspirada pelos experimentos do pintor sueco Friedrich Jürgenson, Hilst instalou diversos gravadores na Casa do Sol, sua chácara no interior de São Paulo, em busca da voz dos mortos.

Seus experimentos, que, de acordo com a própria autora, eram científicos,[13] viraram matéria do programa dominical

---

13 Hilst chegou a compartilhar seus pressupostos e resultados com a nata da física brasileira, como Cesar Lattes e Mario Schenberg. Lattes, de acordo com a própria Hilst, respondeu-lhe que "A física ainda está na infância". Schenberg, que parecia compartilhar do interesse em comunicação paranormal, não falava abertamente sobre o assunto, pois "tinha medo de perder o emprego". Nas diversas entrevistas em que a autora fala de suas experiências, transparece a atitude um tanto *laissez-faire* de seus amigos da comunidade científica.

Fantástico, da Rede Globo, em março de 1979. Durante dez minutos, Hilst submete suas hipóteses a escrutínio público, com uma postura sóbria, quase professoral, que soa tocante quando consideramos que praticamente ninguém a levou a sério. Em dado momento, ela fala sobre uma das primeiras vozes que conseguiu capturar: "Eram mais ou menos onze horas da noite, estava tocando uma música e, de repente, aparece o meu nome nessa fita. A cantora [...] diz 'Hilda', mas mais sussurrado". E a canção segue, em francês, com o verso "tu estás perto de mim".[14]

A reportagem nos deixa ouvir o sussurro, que de fato parece dizer "Hilda". A coincidência poderia ser facilmente explicada pela *sugestão* do espectador ou pela *pareidolia* (o tipo de ilusão que nos faz reconhecer São Jorge na Lua, rostos em tomadas ou a frase "bem-te-vi" no canto de um pássaro). Contudo, e talvez à revelia de Hilst, prefiro compreender seus experimentos — cientificamente descreditados — como *verdade mística*.[15] Se a própria autora escutou seu nome, podemos acreditar em seu testemunho, da mesma maneira como acreditamos nas confissões dos santos ou na gira dos terreiros. Portanto, dentro dos limites deste posfácio, ao menos, a voz da morte realmente lhe sussurrou de volta: "Hilda". E usou seu primeiro nome, como se falasse com uma colega. É o máximo de intimidade que a indesejada das gentes se permite, suponho.

A morte é presença constante e tema fundamental na poesia de Hilst, assim como o amor e o sagrado. Em *Da morte. Odes mínimas* (1980), do qual pincei o poema acima,

---

14 A reportagem completa está disponível no YouTube: <https://youtube/ugvv3kQeG40>.

15 Como diz Anatol Rosenfeld a respeito de Hilst: "Matemática e mística, por paradoxal que possa parecer, são terrenos que facilmente se avizinham". O mesmo se poderia dizer da física experimental (se pudermos chamar assim as experiências da poeta).

essa presença se faz sentir como em nenhum outro livro.[16] Aqui, vemos um eu-poético em dança com a morte, mas é uma *danse macabre* despida de suas conotações mais desesperadas. Não há o desejo de descanso ao fim de uma vida miserável nem o terror supremo que nos faz remexer de agonia, num gozo triste de dançarino solitário. Aqui, a morte é chamada para a dança e se rende às leis de atração e repulsão. Ela, a sedutora implacável, também é seduzida.

As odes mínimas são um diálogo no qual a poeta "não se dirige a amigos ou parentes para tecer as suas considerações de ordem reflexiva ou moral. O seu principal interlocutor, senão único, é justamente a morte", como explica Alcir Pécora na introdução da edição lançada em 2003. Aqui, a morte se torna quase palpável, como as vozes de além-túmulo que Hilst capturava na Casa do Sol, vozes mais ou menos de gente, que falam português brasileiro e podem se tornar objeto de afeto. Daí que, nos poemas, a morte assuma apelidos carinhosos, como "palha", "calha", "candeia"... ou "cavalinha":

> *Os cascos enfaixados*
> *Para que eu não ouça*
> *Teu duro trote.*
> *É assim, cavalinha,*
> *Que me virás buscar?*
> *(IX)*

O diminutivo cheio de ternura (brasileiríssimo, pois não) contrasta com a imagem usual que se faz da morte, trotante, violenta e meio cega, como em "A morte a cavalo", de Drummond, com suas patas ruidosas:

---

16 Os poemas de Hilst citados nesta seção, com seus números entre parênteses, são todos do mesmo livro.

A morte desembestada
com quatro patas de ferro
a cavalo de galope
foi levando minha vida.

A morte de tão depressa
nem repara no que fez.
A cavalo de galope
a cavalo de galope

me deixou sobrante e oco.

A morte na poesia de Hilst não é um desembestado avanço de cavalaria. Seus "cascos enfaixados" são traiçoeiros, mas também delicados, quase respeitosos quando comparados às "patas de ferro" e ao atropelo do poema de Drummond, no qual o verso "a cavalo de galope" vai atravessando as estrofes de cima a baixo e interrompe constantemente o fluxo dos versos. No entanto, a sutileza da morte hilstiana não impede que o eu poético tenha medo e tente negociar, suplicante, ou que assuma uma postura desafiadora:

Por que não me esqueces
Velhíssima-Pequenina?
Nas escadas, nas quinas
Trancada nos lacres
No ocre das urnas
Por que não me esqueces
Menina-Morte?

[...]

E por que soberba
Se te procuro
Te fechas?
(XII)

Nessa dança, porém, é o amor que prevalece ("Cavalo, búfalo, cavalinha/ Te amo, amiga, morte minha", XVI), num baile ontológico cujo fim é a dúvida primordial:

Juntas. Tu e eu.
Duas adagas
Cortando o mesmo céu.
Dois cascos
Sofrendo as águas.

E as mesmas perguntas.

Juntas.
Duas naves
Números
Dois rumos
À procura de um deus.
(XXX)

Hilda é a irmã da morte.

V

Hilda Hilst teve uma sólida formação católica. Em 1937, aos sete anos de idade, ingressou no colégio Santa Marcelina, na capital paulista, como aluna interna. Lá passou cerca de oito anos, tempo suficiente para o ambiente conventual se entranhar na memória e reaparecer, décadas mais tarde, em sua produção literária. Aos poucos, porém, foi se despindo das cascas católicas, e a religião como um todo — ou melhor, o sagrado — acabou por se tornar um dos pilares de sua obra:

A minha literatura fala basicamente desse inefável, o tempo todo. Mesmo na pornografia, eu insisto nisso. Posso blasfemar muito, mas o meu negócio é o sagrado. É Deus mesmo, meu negócio é com Deus.[17]

Em *Poemas malditos, gozosos e devotos* (1984), Deus vai à boca de cena para que a poeta o mire. A figura divina, aqui, é objeto de uma longa meditação enraivecida, sensual e apavorada. O Deus de Hilda Hilst "se reveste de características diabólicas", nas palavras de Paullina Carvalho:

> O sádico Deus hilstiano contradiz toda normatividade do discurso dogmático-religioso ao agregar em si características que indicam um estado de humanidade e, portanto, de demonismo-divino [...], em forma de palavra-poética que permeia a experiência de um Sagrado dessacralizado.[18]

Ao longo dos 21 poemas do livro, vemos um Deus "quase sempre assassino" (vi), "sedutor nato" (ii), que "ama mas crucifica" (vii), ou seja, monstruoso, desleal, maldito. Mesmo assim, o eu poético o persegue em jogo erótico:

> *Dirás que o humano desejo*
> *Não te percebe as fomes. Sim, meu Senhor,*
> *Te percebo. Mas deixa-me amar a ti, neste texto*
> *Com os enlevos*
> *De uma mulher que só sabe o homem.*
> *(VIII)*

Os versos ilustram perfeitamente a conhecida fórmula de Octavio Paz segundo a qual "a relação entre erotismo e poe-

---

17 Entrevista concedida à equipe dos *Cadernos de Literatura Brasileira*, em 1999, publicado pelo Instituto Moreira Salles (disponível em: <http://bit.ly/2f1tCN7>).
18 "A personificação demoníaca de Deus em *Poemas malditos, gozosos e devotos*, de Hilda Hilst", em Eli Brandão et al. (Orgs.), *O demoníaco na literatura*, Campina Grande: EDUEPB, 2012.

sia é tal que se pode dizer, sem afetação, que *o primeiro é uma poética corporal e a segunda uma erótica verbal*".[19] E é através dessa dupla relação que Hilst acessa o sagrado. Sua poesia não é soneto carola nem ladainha embolorada. Poderíamos compará-la ao "Êxtase de Santa Teresa" de Bernini, no qual os fervores religiosos e sexuais se mesclam a ponto de Jacques Lacan famosamente declarar que, na obra, Santa Teresa está gozando.

Às súplicas da poeta, porém, Deus permanece calado ("Poderia ao menos tocar/ As ataduras da tua boca?", IX) e impassível, com "cara fria" e "coxas frias" (VI). Não há gozo libertador nem na autoflagelação:

> *Atada a múltiplas cordas*
> *Vou caminhando tuas costas.*
> *Palmas feridas, vou contornando*
> *Pontas de gelo, luzes de espinho*
> *E degredo, tuas omoplatas.*
>
> *Busco tua boca de veios*
> *Adentro-me nas emboscadas*
> *Vazia te busco os meios.*
> *Te fechas, teia de sombras*
> *Meu Deus, te guardas.*
> (*X*)

A salvação viria dois anos mais tarde, em 1986, com a publicação de *Com meus olhos de cão e outras novelas*, em que Hilst oferece sua mais conhecida definição de Deus: "uma superfície de gelo ancorada no riso" — um dos caroços luminosos de seu pensamento poético, no qual a impassibilidade sagrada é minada pela explosão libertadora da risada.

---

19 Em *A dupla chama: amor e erotismo*, na tradução de Wladir Dupont (São Paulo: Siciliano, 1994). Grifo meu.

A busca por Deus, como coloca Reginaldo Oliveira Silva, se inverte. Antes voltada aos píncaros etéreos, faz o retorno e "ruma para o riso, lá onde, no fundo, estaria a possibilidade da transcendência".[20]

No riso, na ironia e no escárnio, Hilst reconfigurou sua busca por Deus (ou pelo "inefável", pelo "sagrado", em suas próprias palavras), como se, depois de décadas, tivesse se lembrado de que, sim, estudara em um colégio de freiras, mas antes havia cursado o jardim de infância no machadiano Instituto Brás Cubas (em Santos, SP). Uma anedota inconsequente, mas reveladora. Hilda escreveu com a tinta da melancolia, a pena da galhofa e, sobretudo, um corpo humano. De mulher.

VI

"Falemos do amor/ Que é o que preocupa/ Às gentes", dizem uns versos de "Do amor contente e muito descontente", parte de *Roteiro do silêncio* (1959). Embora quase sempre seja mais proveitoso calar sobre essa, a maior das preocupações, é preciso distinguir aqui alguns traços do amor segundo Hilda Hilst.

O amor atravessa a poesia hilstiana de maneira ora mais, ora menos violenta, bem como seus outros dois temas principais — a morte e o sagrado. Vale dizer que, ao longo das décadas, esses temas se interpenetram de tal modo que se tornaram um só fundamento e, ao mesmo tempo, três temas consubstanciais, numa versão do mistério da Santíssima Trindade para teóricos literários.

Assim, se tanto a morte quanto o sagrado em Hilst assumem máscaras carnais e no entanto se mantêm singular-

20 *Uma superfície de gelo ancorada no riso: Recepção e fluxo do grotesco, em Hilda Hilst.* João Pessoa: UFPB, 2008. (Doutorado em Letras).

mente ausentes, não poderia ser diferente com o amor. Para Frederico Spada Silva,

> o lirismo amoroso que perpassa a obra poética de Hilda Hilst traz consigo uma marca fundamental, que atinge, como já vimos, também seus poemas eróticos: o sentimento de incompletude amorosa e a busca de completude, que amarram toda sua obra poética, dando-lhe considerável unidade.[21]

O sentimento de incompletude, para Spada, só seria amenizado por meio da palavra poética. Ou seja, "cantar o amor e sua impossibilidade é a maneira pela qual a amante buscará reencontrar a completude perdida". Esse puro cantar é a estratégia principal quando lemos a *primeira fase* de Hilst — isto é, os poemas anteriores ao que chamei acima de "expansão formal" (o diálogo entre diferentes gêneros literários, o gesto em direção à pintura e, por que não, as experiências místico-poéticas com a voz). Neste momento inicial, o canto de amor segue de perto as velhas tradições — o trovadorismo, a poesia pastoril e "uma poesia órfica, cuja primeira matriz é evidentemente Rilke", nas palavras de Pécora.[22]

Entretanto, em livros posteriores, como o citado *Do desejo* ou aqueles que compõem a tetralogia obscena, esse cantar meio diáfano já não é o suficiente para dar conta da ausência da figura amada ou do amor. O corpo, então, e enfim triunfantemente, entra em cena. A carne, que antes cheirava a fumaça de incensório ou a velhos alfarrábios, agora passa a exalar odores de homens e mulheres.

---

21 *O limiar da carne: Amor e erotismo na poesia de Hilda Hilst*, Juiz de Fora: Universidade Federal de Juiz de Fora, 2011. (Mestrado em Letras.) Disponível em: <http://bit.ly/2dVnx4Z>.

22 Introdução ao volume *Exercícios* (São Paulo: Globo, 2002).

É deste ponto de inflexão que melhor podemos enxergar a lógica desejante da poesia de Hilst, sua via de mão dupla entre a lava, o pó e o nada. Da lava ao nada, do nada à lava, por via do pó: esse caminho é percorrido pelo corpo humano, mais como um faquir andando sobre as brasas do que como o sereno e milagroso Cristo sobre as águas. A poesia de Hilst conversa melhor com o "ascetismo erótico" vislumbrado por Octavio Paz nos templos indianos do que com o espaço sagrado do cristianismo ocidental, "templos à imagem da perfeição absoluta: morada terrestre do *não corpo*".[23] Com isso em mente, podemos compreender a sua poesia como o que de fato sempre foi: corpo vivo.

Ao falar de amor, a poesia de Hilst reconhece o que lhe falta, assim como ao falar de Deus ou da morte. E também recorre à carnalização para transformar o *ganz andere* (o totalmente Outro)[24] em alteridade diminutiva (um outrozinho, como a morte-irmã ou o Deus sedutor de coxas frias). No entanto, o Amor maiúsculo carnalizado, por suas inúmeras veias tortas, tende a se confundir com a própria pessoa amada. Por mais que a batizemos com nomes mitológicos, por mais que seja imaginária, trata-se de um corpo humano, similar ao da poeta, com o qual, ao menos em princípio, há plena possibilidade de contato. Portanto, nessa troca essencialmente terrena, o eu poético pode assumir seu corpo e, ao carnalizar o corpo textual, realizar-se.

---

23 *Conjunções e disjunções* (São Paulo: Perspectiva, 1979), que traça um panorama da arte segundo a oposição *corpo* e *não corpo*, a partir da estada de Paz na Índia. Em um texto sobre Henri Michaux, o autor escreveu sobre o impacto de sua primeira visita ao país: *"el universo me pareció una inmensa, múltiple fornicación. Vislumbré entonces el significado de la arquitectura de Konarak y del ascetismo erótico"* (apud Fabienne Bradu, "Persistencia de la India en Octavio Paz", <http://ref.scielo.org/3pmzw9>).

24 A expressão é de Rudolf Otto, citada por Mircea Eliade no clássico *O sagrado e o profano* (São Paulo: Martins Fontes, 1992): "O numinoso singulariza-se como qualquer coisa de *ganz andere*, radical e totalmente diferente: não se assemelha a nada de humano ou cósmico".

Esse "descenso" ao mundo carnal, a uma terra muito diferente do solo bucólico da pastora e a uma carne bem menos fantasmagórica do que a divina, costuma chocar a sensibilidade mediana. A própria Hilst sabia que poderia causar escândalo ao tratar o sexo de maneira franca. Ao que tudo indica, aliás, sua aproximação com a literatura pornográfica foi um gesto estratégico, e profundamente sarcástico, para chamar a atenção para si e incrementar as vendas de seus livros. Ou pelo menos era isso que dizia, às gargalhadas, a quem quisesse ouvir.

Tudo aquilo que a sociedade considera obsceno a fascinava, e ela sabia que também fascinava o grande público. Mas seu interesse, como se vê, não era chocar: "O erótico não é a verdadeira revolução. O erótico, para mim, é quase uma santidade. A verdadeira revolução é a santidade".

Entretanto, há outra maneira de compreender esse aspecto em sua obra. Para Fabiana Amorim, na tese intitulada *O canto vigoroso de duas mulheres*,[25] a trajetória de Hilst se insere em um contexto de mudanças sociais na América Latina, de liberação feminina e luta pela igualdade de direitos, no qual "a mulher latino-americana [...] investe na vida literária, entendendo-a como inseparável da reivindicação à sua sexualidade". Em linhas gerais, trata-se de uma reafirmação de subjetividade:

> Quando se reconhece como sujeito, em supressão ao seu papel de "objeto" do desejo masculino, a mulher busca direitos sobre seu corpo e sua sexualidade e, também, de poder expressar o seu desejo.

Ao seguirmos este raciocínio, não é difícil entender por que a imagem de Hilst se cristalizou não com tons de santida-

---

25 A tese trata das obras de Hilda Hilst e Teresa Calderón. Disponível em: <http://bit.ly/2dopCpY>.

de, mas com de obscenidade. Se a "sexualidade ainda não foi encarada em pé de igualdade entre homens e mulheres", não surpreende o espanto com sua obra. A atenção volta-se fixamente para a faceta "obscena" porque "os versos de Hilst [...] subvertem a expectativa já cristalizada na/pela cultura sobre a escrita considerada feminina". A partir daí, Amorim conclui que

> a escrita hilstiana pode ser lida como uma representação do desejo feminino que questiona os papéis genéricos estabelecidos, partindo de uma perspectiva em que sujeito e objeto do desejo se confundem, e, se antes havia papéis definidos, estes têm seus contornos apagados ou fundidos.

Afinal, o eu poético de Hilst pode afirmar, desafiante: sou sujeito. Como em toda a sua obra, é uma palavra de carne atirada na história. Escutemos de novo seu chamamento. Com menos altivez. E mais atentos.

Lygia Fagundes Telles
sobre Hilda Hilst[*]

SIGNO DE ÁRIES

"Você está sempre indo de um lado para outro, você não para, mas afinal, do que você está fugindo?", perguntou Hilda Hilst. Riu. "Seja o que for essa coisa da qual você está fugindo, acho que ela não vai te alcançar nunca."

DA AMIZADE

É possível falar em Hilda Hilst sem falar em todo esse nosso tempo de juventude e maturidade? "Não é maturidade, querida, é velhice mesmo", ela me corrigiu rindo. Está anotada a observação, vamos lá, eu dizia que é difícil fazer um depoimento que envolve memória e imaginação, essa constante invasora. Mas aceito o desafio, com os críticos ficará a tarefa da análise da sua vasta obra em prosa e verso, cuidarei apenas de alguns flagrantes deste nosso antigo laço que há tanto vem nos ligando. Mais apertadamente, em algumas ocasiões, de forma mais frouxa em outros momentos, ah! o tempo e o espaço desta longa travessia. Algumas tempestades. E de repente, a calmaria, "navegar é preciso!". Navegar e viver. O que a gente vem fazendo com maior ou menor

---

[*] Excertos de *A disciplina do amor* (São Paulo: Companhia das Letras, 2010, p. 52) e *Durante aquele estranho chá* (São Paulo: Companhia das Letras, 2010, p. 35).

disposição, não importa, o importante é manter viva lá nas profundezas a chama da fidelidade.

Fidelidade é qualidade de cachorro, sei disso porque passei a minha infância em meio da cachorrada, os gatos vieram depois. A Hilda (dezenas e dezenas de cachorros) também conhece a espécie sem mistérios. Sabemos que eles nos amam com igual amor na riqueza e na pobreza, o que não acontece muito (ai de nós!) na espécie humana. Foram infinitas as conversas que tivemos envolvendo essa matéria e amigos comuns, na maioria, escritores como nós. Continuam também até hoje, sem parar, nossas reflexões sobre Deus e sobre a morte. Com os livros sempre na proa dessa travessia de vocação e de vida, tantos lançamentos. Tantos congressos e tertúlias mais secretas, ainda nos antigos moldes. Festas, muitas festas. Poucos velórios, afinal, mesmo os mais velhos do grupo continuavam resistindo bravamente.

Tempo das homenagens, muitas homenagens. E tempo também das brigas, ai! tantas brigas. Tudo somado, alguns dos amigos permaneceram intactos enquanto outros ficaram perdidos no espaço, eu já disse que foi longa a travessia. Que Hilda interrompeu quando decidiu ir morar longe, na Casa do Sol, com o seu belo pátio de mosteiro em terras de uma antiga fazenda, próxima de Campinas.

Mas, espere, ainda estamos em São Paulo, onde a escritora está elegantemente instalada. E amando e escrevendo os seus primeiros livros de poesia. Fazendo sucesso numa Pauliceia que nada tinha de desvairada, ao contrário, os homens andavam engravatados e as mulheres usavam luvas e chapéu, me lembro de tantos chapéus de feltro ou palha, as românticas abas largas escondendo um pouco o rosto. Mas as jovens, essas andavam descobertas.

Hilda Hilst é uma temperamental, ouvi alguém dizer. Mas o que significa isso? perguntaria um moço da geração atual. Vamos lá, eis aí uma palavra que saiu da moda mas que me parece insubstituível: na temperança estaria a quali-

dade que equilibra e modera os apetites e as paixões. Nessa linha, o temperamental não pode ser um refreado. Um comedido. Consegue se conter até certo ponto mas de repente (os impulsos) abre as comportas e solta os cachorros! Pode ser moderado alguém com uma obra tão flamante? Pode ser temperado alguém que escreveu esses poemas ora reunidos na recente coletânea que se chama *Do amor?*

Pergunto agora, qual o artista verdadeiro que não é temperamental?! O caso é que alguns (por defesa) disfarçam feito o meu gato diante da tigela de leite: ele afetava falta de apetite com aquele ar indiferente, meio distante, mas quando a gente ia ver a tigela estava esvaziada até a última gota. E vamos agora reordenar um pouco essa memória: conheci Hilda Hilst em 1949, numa homenagem que me ofereceram, já avisei, era o tempo das homenagens, eu estava lançando um livro. E a festa era na Casa Mappin, onde serviam almoços e chás que ficaram famosos, até o bar era frequentadíssimo. Eu me lembro, estava conduzindo a bela Cecília Meireles (usava um turbante negro, no estilo indiano) para a cabeceira da mesa quando me apareceu uma jovem muito loura e fina, os grandes olhos verdes com uma expressão decidida. Quase arrogante. Como acontece hoje, eram poucas as louras de verdade e essa era uma loura verdadeira, sem maquiagem e com os longos cabelos dourados presos na nuca por uma larga fivela. Vestia-se com simplicidade. Apresentou-se: "Sou Hilda Hilst, poeta. Vim saudá-la em nome da nossa Academia do Largo de São Francisco". Abracei-a com calor. "Minha futura colega!", eu disse, e ela sorriu. Quando se levantou, bastante emocionada, para fazer o seu improviso, ocorreu-me de repente a poética imagem da haste delicada de um ramo tremente de avenca, aquela planta um tanto rara e muito cultivada pelas freiras.

Hilda Hilst amando e escrevendo, quando ela se apaixonava a gente já sabia que logo viria um novo livro celebrando esse amor. Estávamos então debaixo do sol na praia de Copacabana. Ela usava um maiô claro de tecido acetinado, inteiriço, os maiôs eram inteiriços, ano de 1952? Lembro que tinha no pescoço um colar de conchinhas. Falou-me dos novos planos, tantos. Nessa tarde, no nosso apartamento da rua Aires Saldanha, tínhamos marcado, Goffredo e eu, um encontro com alguns amigos, Carlos Drummond de Andrade, Cyro dos Anjos, Breno Acioli, José Condé... Lá estava a Hilda toda de preto, falando em Santa Teresa d'Ávila, a do "amor duro e inflexível como o inferno". Pedi-lhe que dissesse o seu poema mais recente. Então, eu me lembro, Cyro dos Anjos cumprimentou-a com entusiasmo. E voltando-se para mim, em voz baixa, lamentou: "Nunca sou o amado senhor de nenhuma poeta!". E começou a examinar a pequena palma da mão que ela lhe estendeu, ele sabia ler o destino nas linhas da mão.

Hilda Hilst na rua Sabará no ano de 1973, São Paulo. Levou um disco, queria que ouvíssemos com urgência o bolero "La barca". Paulo Emílio (Paulo Emílio Sales Gomes foi o meu segundo marido) sentou-se, acendeu um cigarro e esperou enquanto eu ligava o toca-discos. Antes, Hilda falou no enredo do bolero: a mulher tinha ido embora na tal barca enquanto o amante continuava na praia, batido pelos ventos e tempestades, esperando que depois que ela singrasse *los mares de locura* voltasse um dia para os seus braços abertos na paixão. "A letra é deslumbrante", informou a Hilda. Confesso que não sei se o bolero era mesmo deslumbrante, sei que deslumbrante foi o livro que o novo amor inspirou.

Tantos acontecimentos na Casa do Sol sob o vasto céu de estrelas. Discos voadores! Não sei mais quem viu em certa noite uma frota desses discos. Vozes de antigos mortos sendo captadas meio confusamente no rádio ou na frase musical de algumas fitas, ouvi nitidamente alguém me chamando, me chamando... Reconheci a voz e desatei a chorar. Novos planos. Novos sonhos. O projeto de formarmos uma espécie de comunidade quando chegasse o tempo da madureza, eu disse madureza? "Velhice!", atalhou a Hilda.

A lareira acesa. E os amigos reunidos nas conversas amenas enquanto estaríamos calmamente bordando nossas almofadas naqueles antigos bastidores, num clima assim dos clássicos dos museus. E agora penso que o importante na amizade talvez seja apenas isso, um tem que achar graça no outro porque nessa bem-humorada ironia está o próprio sal da vida. Quando essa graça desaparece é porque a amizade acabou.

Escolhi como fecho desta fragmentada lembrança um poema da belíssima coletânea *Do amor*.

> *Aflição de ser eu e não ser outra.*
> *Aflição de não ser, amor, aquela*
> *Que muitas filhas te deu, casou donzela*
> *E à noite se prepara e se adivinha*
>
> *Objeto de amor, atenta e bela.*
> *Aflição de não ser a grande ilha*
> *Que te retém e não te desespera*
> *(A noite como fera se avizinha)*
>
> *Aflição de ser água em meio à terra*
> *E ter a face conturbada e móvel.*
> *E a um só tempo múltipla e imóvel*
>
> *Não saber se se ausenta ou se te espera.*
> *Aflição de te amar... se te comove.*
> *E sendo água, amor, querer ser terra.*

De Caio Fernando Abreu
para Hilda Hilst*

QUERIDA UNICÓRNIA, acordei hoje com a mão de minha mãe me entregando a tua carta. Rasguei o envelope, frenético, não esperava tanta coisa, fiquei surpreso com o Osmo, que não estava planejado, decidi não ir à faculdade, ficar lendo. Afundei manhã, esqueci de tomar café, não almoçaria se a família indignada não viesse em peso saber os porquês do meu estúrdio procedimento, acabei de ler recém, duas horas da tarde, de uma enfiada só, o Osmo, o Unicórnio e o Lázaro. Sei que tu não gostas do Caetano Veloso, mas vais ter que desculpar a citação: tem uma música dele, "É proibido proibir", em que ele aconselha a "derrubar as prateleiras, as estantes, louças, livros" e depois fala que toda a renovação tem que partir de uma destruição total, não só de valores abstratos (os livros), de conceituações estéticas ou artísticas que viciaram a cuca do homem moderno — daí parte para o refrão, onde diz que é proibido proibir qualquer tentativa de renovação, que é proibido ter limitações morais ou quaisquer outras para que se possa fazer alguma coisa — e não somente em termos de arte — realmente nova. Bem, o teu Osmo é exatamente isso (não somente o Osmo, mas todo o "Triângulo" — mas vou me deter mais nele porque ainda não tinha lido). Você bagunça o coreto total, choca

---

* Trechos de uma longa carta escrita em 29 de abril de 1969. Originalmente publicados em *Cadernos de Literatura Brasileira* (São Paulo: Instituto Moreira Salles, n. 8, out. 1999). Copyright © by herdeiros de Caio Fernando Abreu.

completamente a paróquia, empreende a derrubada de toda uma estrutura já histórica de mal-entendidos literários. Você ignora a "torre de cristal", o distanciamento da obra e do leitor; você faz montes para a dignidade da linguagem, o estilo, as figuras, os ritmos. E isso é genial, muié. Comecei o Osmo rindo feito uma hiena, acho que nunca li nada tão engraçado em toda a minha vida, mas, você sabe, o humor em si não basta, pelo menos pra mim. Quando a coisa é pura e simplesmente humor, fica um enorme espaço vazio entre a coisa e eu: somente as risadas não enchem esse espaço. Por isso eu ria e me preocupava: meu Deus, será que ela vai conseguir?

Aí, quando a minha preocupação com o excesso de humor estava no auge, começaram a aparecer no texto os "elementos perturbadores": a estória do Cruzeiro do Sul (ninguém vai desconfiar jamais que você viu MESMO aquilo), o "grande ato", a lâmina, os pontos rosados. E imediatamente o texto sai da dimensão puramente humorística para ganhar em angústia, em desespero. A coisa cresce. O tom rosado do início passa para um violáceo cada vez mais denso, até explodir no negror completo, no macabro [...].

Comecei esticado na cama, despreocupado, mas aos poucos fui me inteiriçando todo, com um pânico que nascia das pontas das unhas até "as pontas tripartidas dos cabelos". Quando terminei, estava todo tenso e trêmulo, dividido em dois: um não querendo admitir o macabro da situação; outro sabendo que não podia ser de outro jeito, compreende? Acho que existe um ponto de contato entre o Osmo e o *Estrangeiro* — muito mais acentuado do que entre o Osmo e o Beckett. Com Beckett, as semelhanças são meramente de linguagem, externas, e assim mesmo Beckett não é o dono desse tipo de prosa, você o encontra também em Salinger e em vários outros que no momento não lembro. Com o *Estrangeiro* as semelhanças são mais íntimas: assim, num e noutro, tudo aquilo que parecia, no início, dispersão, futilidade, vazio (se bem que gostosíssimo de ler), no final se arma bruscamente para atuar contra o personagem. As coisas que ele conta que fez e pensa de repente dão a medida de toda a sua estrutura interna. Exatamente como num quebra-cabeça — a imagem é batida e já virou lugar--comum, mas não posso fazer nada se o Osmo é isso mesmo: um quebra-cabeça a quem uma das partes (no caso, uma das frases ou mesmo uma das palavras) tornaria incompreensível por incompleto. E o completo que é compreensível é o perfeito. Deus, por exemplo, é completo, mas incompreensível (pelo menos, a ideia de Deus), daí não ser perfeito. Mas se você pega uma árvore, ela é completa e compreensível e, em consequência, perfeita. Toda essa sofismação para dizer que acho o Osmo perfeito. Mas um perfeito novo, até agora: não aquela perfeição fria de, por exemplo, *A crônica da casa assassinada*, ou da *Maçã no escuro*. Essa é a perfeição cronometrada, medida, sólida, inabalável. Você faz o perfeito insólito, o perfeito difuso. Não sei mais o que te dizer. Não conheço nada de tão novo na literatura brasileira como o teu "Triângulo" [...]. Você incomoda terrivelmente com essas três novelas. Aqueles coitados que, como eu, têm o ritmo marcial da prosa ficam de cuca completamente fundida, neurônios arrebentados, recalcadíssimos, frustradíssimos, confusíssimos. É uma maldade você fazer isso. Maldade porque os que também escrevem de repente percebem que tudo que fizeram não tem sentido, porque de repente precisam derrubar todas as prateleiras íntimas e começar uma coisa nova. Uma maldade necessária, uma maldade astronáutica, por assim dizer. Sim, porque você já pensou se, de repente, a gente tiver uma prova concreta de que existe vida num outro planeta, uma vida diferente da nossa, com valores diversos, com liberdade absoluta — já pensou? Nós, os terrestres, vamos morrer de inveja, vamos nos sentir completamente primitivos, primários, estúpidos e vamos ter que renegar toda essa estrutura terrestre. Pois as tuas novelas são isso — um mundo novo. Fascinante e frustrante.

Quanto ao Lázaro, é ótima a solução que arranjaste. E vê que estranho, inconscientemente, retrataste no Lázaro essa coisa que falei aí em cima: Lázaro é o pasmo diante duma coisa inesperada. Isso gera a solidão mais absoluta que se possa imaginar. Das três, acho Lázaro a mais amarga; o Unicórnio, a mais desesperada; Osmo, a mais macabra. Qualquer uma delas, um soco. Um "pum" no nariz dos críticos e da sociedade. Sem ser panfletária nem dogmática, você é a criatura mais subversiva do país. Porque você não subverte politicamente, nem religiosamente, nem mesmo familiarmente — o que seria muito pouco: você subverte logo o âmago do ser humano. Essas três novelas são uma verdadeira reforma de base. Quem lê, tem duas saídas: ou recusa [...], ou fica frenético e põe os neurônios a funcionar, a pesquisar nesse sentido. Ficar impassível, tenho certeza que ninguém fica.

Eu fiquei frenético, pus os neurônios a funcionar e vou começar a pesquisar nesse sentido. Desde que cheguei, não escrevi nada. Absolutamente nada. Estive relendo coisas minhas e de outros para descobrir novamente aquilo que falamos uma vez: estou completamente cerceado dentro dessa linguagem. De tudo o que escrevi, só reconheço como uma tentativa de libertação "O ovo", que tem muita coisa em comum com o "Osmo". Talvez "A sereia", mas acho que este ficou apenas no cômico, ao passo que "O ovo" transcende essas fronteiras e vai até o absurdo. As tuas novelas me causaram pruridos. Não tenho medo de derrubar tudo o que fiz e partir para algo na mesma linha tua, penso no teu exemplo, começando a fazer coisas completamente opostas à tua poesia, que era tão ou mais digna que a minha prosa. Detesto coisas dignas, engomadas, lavadas com anil: aceito nos outros, levando em conta, inclusive o tempo em que foram feitas. Mas não é mais tempo de solidez: a literatura tem que ser de transição, como o tempo que nos cerca. Estamos (os literatos) um passo, ou muitos passos, atrás das outras artes: veja a arte cinética, o cinema de Pasolini, de Polanski, o teatro de Beckett, de Ionesco, a música dos Mutantes. Estou com a cabeça feito sonrisal, toda borbulhante [...].

Estou terminando de ler *A morte de Artêmio Cruz*, romance de Carlos Fuentes, bossa *Ulisses*, de Joyce, sem entender grande coisa. Ao mesmo tempo, comecei a *Introdução ao realismo crítico*, de Lukács, onde ele renega toda a obra literária que seja subjetiva (fala horrores de nosso bem-amado Beckett). Ainda Beckett: ele é irlandês, mesmo, mas vive na França há muitos anos, e foi lá que escreveu e publicou todos os seus livros [...].

Não te enfosses com os editores. Tem um poema da Florbela Espanca que diz assim: "As coisas vêm a seu tempo/ quando vêm, essa é a verdade". Um dia a coisa sai. E eu acredito no mecanismo do infinito, fazendo com que tudo aconteça na hora exata. Em julho, vou passar o mês aí e uma semana no Rio. Tenho certeza que conseguirei coisas para nós [...].

Não tenho tido fossas. Aquelas crises paulistas eram porque me sentia inseguro, desamparado, desprotegido. Aqui, sinto as coisas mais definidas, mais tangíveis, mais palpáveis: até mesmo a fossa, quando desce, não é aquela coisa torva e difusa de São Paulo — é concreta e motivada por alguma coisa exata. A depressão que eu vinha sentindo, muito de leve, tem um motivo certo: não tenho escrito. Recomeçando, tudo ficará bem.

Estou tentando conseguir um emprego num jornal. Como não quero aprisionamentos de horários, acho que vou ficar como colaborador, recebendo em freelancer. Existem três suplementos literários aqui e, se eu conseguir qualquer coisa, prometo: farei uma série de artigos sobre o "Triângulo".

O teu livro de poesia vendeu mesmo [...]. Lembra de um amigo meu daqui, que encomenda livros às distribuidoras paulistas para as livrarias daqui? Eu tinha escrito a ele pedindo que encomendasse o teu livro: ele encomendou, colocou e vendeu. Mesmo assim, continuo de *public relations* teu. A semana passada dei o teu livro para um amigo meu, Luiz Alcione, um cara muito bom, poeta. Às vezes ele publica crítica literária muito boa, é um dos que eu posso mostrar o "Triângulo".

São cinco horas. Está muito quente, acho que vai chover. As crianças estão vendo televisão na sala, meu irmão está estudando economia. Uma vontade de estar perto de vocês, uma hora que fosse. Não há de ser nada, julho está aí mesmo. Se eu fosse bilionário, todos os fins de semana tomava meu avião particular e ia visitar vocês. Espero que Dante tenha dado conta de seu tronco de eucalipto. Um abraço bem grande para ele. Outro para Madame Soininem. Aninha, Dodô, Sola Macaca, Flika, Carlota, Pépi-papéti — todos em mim. Lembranças para Dona Maria. Beijos do

Caio Fernando Abreu

Hilda Hilst, o excesso em dois registros[*]

Vilma Arêas e Berta Waldman

> *Entre a verdade e os infernos*
> *Dez passos de claridade*
> *Dez passos de escuridão.*
>
> HILDA HILST

QUAL O LUGAR DE HILDA HILST na literatura brasileira? Embora seja autora de 28 livros — poesia, teatro, ficção — e conte com alguns poucos críticos fiéis, ainda não teve sua obra devidamente avaliada, isso porque nem sequer é bem conhecida, excetuando-se a aura exótica que a envolve: seu isolamento numa fazenda a onze quilômetros de Campinas, onde vive há 26 anos, suas roupas que vão de princesa a camponesa, seu convívio com os cães abandonados que recolhe das ruas, seu diálogo com misteriosas vozes. Segundo Leo Gilson Ribeiro, "poucas pessoas compreenderam que Hilda Hilst, depois de Guimarães Rosa, estava trazendo a mais profunda revolução à literatura contemporânea brasileira"; acompanhar o percurso da autora em todos esses anos de produção "é confirmar o pensamento renovador no processo da poesia brasileira", afirma Nelly Novaes Coelho; por sua vez Anatol Rosenfeld observa que "o mundo casto e impu-

[*] *Jornal do Brasil.* Rio de Janeiro, 7 out. 1989. Caderno Ideias, pp. 4-5.

dico" de Hilda Hilst se assemelha aos quadros de Bosch e Brueghel, enfatizando a "audácia de sua linguagem", em que "o sagrado se reveste de atributos diabólicos e o monstruoso, de cores celestes"; os textos "são uma celebração ritual levada ao desvario e ao paroxismo".

Vamos à apresentação.

Conta um pouquinho, Hilda, como ocorreu a você começar a escrever. Como você descobriu sua vocação para a literatura?
Sempre me pergunto por que Freud privilegiou Édipo e não Myrra, a incestuosa, que embriagou o pai e engravidou dele, parindo Adônis. Sempre procurei meu pai. Era um homem culto, poeta nos anos 20, e chegou a corresponder-se com Mário de Andrade. Entreguei ao Pinotti uma linda carta de Mário ao meu pai. Luís Bruma era seu pseudônimo. Enlouqueceu quando eu tinha três anos de idade, ficou internado, e eu só o conheci realmente aos dezesseis anos. Sempre quis ter alguma semelhança com meu pai. A distância e a loucura criaram um certo tipo de fascínio, a ponto de alguns personagens meus retomarem aspectos de sua vida, como Amós, que levava livros para o bordel. Meu pai reunia as qualidades que permaneceram para mim como modelo de virilidade: a intensidade, a força física, a inteligência, o talento. Referiu-se a mim certa vez, dizendo: "minha filha é uma fantasia", e se perguntava o que acontecia com a alma na loucura. Acho que minha literatura até certo ponto é um modo de procurar meu pai.

O desejo várias vezes confessado de ser lida e entendida pelo outro é o que determina em sua obra a travessia da poesia para o drama e deste para a prosa? Mas esse desejo não inclui contraditoriamente indiferença real em relação ao outro?
Nunca senti indiferença real em relação ao outro, mas o

que mais procurei foi a autoexpressão. Escrevi peças de teatro entre 1967 e 1968, obedecendo ao desejo de participar politicamente, como uma maneira de reagir à repressão. Durante esses dois anos estive numa espécie de emergência comunicativa. Mas a prosa, como a poesia, surgiu de uma necessidade íntima, como um fluxo. Na verdade só sei lidar com esse tipo de emoção extremada e de intensidade amorosa em relação a tudo. Deus entra aí.

Hilda, os críticos vinculam sua obra a autores como Beckett. Mas qual a linhagem à qual você pertenceria do ponto de vista da literatura nacional?
Um homem raro e especial que me impressiona muito é o Ricardo Guilherme Dicke, autor de *A Madona dos Páramos*. Nele descubro o fervor e a potência, pois a literatura não é nada se não for o essencial. Seu texto é mais bonito que o de Guimarães Rosa. Embora ele tenha ganhado prêmios, ninguém fala nele, mas é barroco como o Brasil é barroco. Quanto à poesia, o grande nome é mesmo Jorge de Lima.

Sua poesia mantém uma construção mais regular do que os outros gêneros; nela não existe contradição flagrante entre o registro alto e o baixo. Gostaríamos que você falasse um pouco desse andamento. Qual a especificidade da disposição poética? Por que a insistência em escrever um livro exclusivamente de poesia, como o último (*Amavisse*), se a partir de um certo momento em sua obra não há mais limites claros entre os gêneros?
A poesia tem a ver com tudo o que não entendo. Tem a ver com a solenidade diante do mundo. Algo sagrado e importante que eu não queria perder, e ela sempre vem quando estou prestes a perder isso. A poesia é a hora dos trombones. Tem tudo a ver com esse fio terra que eu quero contatar, uma ligação da vida com a intensidade. *A obscena Senhora D*, no entanto, nasceu com o mesmo ímpeto da poesia. Um

estado febril, totalmente misterioso. Senti isso recentemente, quando escrevi uma série de nove poemas (inéditos) intitulada *Alcoólicas*. Nasceram deste primeiro verso: "É crua a vida. Alça de tripa e metal".

E você trabalha o texto depois desse primeiro verso?
O primeiro verso surge como um fluxo sanguíneo e é sempre um espanto. A partir dele procuro continuar o trabalho mantendo a coerência das figuras e a mesma intensidade.

Numa entrevista editada em *Explode* (Ouro Preto, 1984) você afirmou que "a tarefa de escrever é masculina, porque exige demasiado esforço, disciplina, tenacidade". Ora, a metáfora usada por você (escrever um livro é como "pegar na enxada") contrapõe-se a outra, mais usual, de que escrever é como "parir um filho". Sérgio Milliet acha sua poesia "profundamente feminina". Gostaríamos que você falasse um pouco disso e das escritoras brasileiras em geral.
Sempre me impressionei muito com a força física. Se as reencarnações existem, quero voltar homem. Tenho uma violência interna muito grande e meu trabalho possui esse referencial de força e de potência. Não conheci mulheres que me estremecessem. A literatura das mulheres é sempre aquela coisa diluída, congelada, distante, sem analogias fortes, sem resistência, ao contrário dos meus textos. A Zulmira (Ribeiro Tavares), por exemplo, não me dá um golpe no coração, a Clarice (Lispector) não tem o murro na hora da fala. Há um trecho em *As horas nuas* (de Lygia F. Telles) que descreve uma cena de homossexualismo masculino que possui essa potência. Se fosse o texto inteiro...

Há, grosso modo, duas linhas ligadas à literatura que tematiza a sexualidade: uma em que o sexo é expressão do biológico, com ou sem injunções sociais (D. H. Lawrence, por exemplo, com seu romantismo sexual ou,

entre nós, Rubem Fonseca, que se calcando no extremo oposto fatalmente acaba por tangenciar certo automatismo); a outra linha excede o biológico. Aí o sexo escapa ao conceito e se aloja numa zona isolada do Saber. Freud observa muito bem que nossas marcas histéricas, fóbicas ou obsessivas não se devem absolutamente à ignorância das regras biológicas. (Literariamente, Bataille seria aqui o grande nome.) A partir dessa diferenciação, onde você colocaria sua literatura de inspiração sexual?

Você nunca sabe nem pode definir o que quer dizer pornográfico, sujo, imundo, não se tem referencial a respeito disso. Por exemplo, Crasso, personagem de meu livro *Contos de escárnio. Textos grotescos* (a ser publicado), despreza as mulheres e nos conta suas aventuras com elas. Suas manias, a mão de obra que isso dá e a coisa chata que isso é. Uma, por exemplo, adora Pound (que abomino) e mandou tatuar ao redor do ânus um poema seu. Quando Crasso vê com uma lupa a tatuagem, fica inibido. Embora eu não procure mais a fama, esses textos pornográficos significam minha vontade de me achegar ao outro. *A bicicleta azul*, uma bobagem, rendeu à autora milhões de dólares; eu, com um trabalho sério, ganhei trezentos cruzados em dois anos. O Leo (Gilson Ribeiro) acha que vou ser cuspida. Se isso acontecer, citarei o Chesterton: "a um cavalo alado não se olham os dentes". Eu me sinto um cavalo alado.

Mas justamente achamos, Hilda, que a coisa mais animada e viva de sua prosa é esse registro baixo, chulo, que acaba sempre substituído por algo mais elegante, transcendente etc.

Mas só agora é que estou escrevendo pornografia!

Hilda, e quanto aos planos futuros?

A Editora Massao Ohno está com dois originais, um deles ilustrado pelo Millôr Fernandes: *O caderno rosa de Lory*

Lamby e os *Contos de escárnio*, já citados. *Amavisse* será incluído na publicação, como uma espécie de despedida do que vim fazendo. Os dois outros abrem um caminho novo numa linha realmente pornográfica, tanto que os próprios editores se assustaram e também vários amigos.

CONCLUSÃO

Com relação à obra de Hilda Hilst, um fato é inquestionável: a ausência de uma crítica de oficina, militante, interessada no momento presente, para além do marketing e dos interesses editoriais e de amizade, empurrou essa obra para um lugar à deriva e à margem da literatura brasileira. Uma obra expressiva tanto nas qualidades quanto nos defeitos, que oscila dramaticamente de um polo a outro, sempre orientada por uma paixão que frequentemente escapa ao controle da autora, essa obra exigiria da crítica um esforço de interlocução independente, sem cumplicidade e que fosse de valia para a autora. Nos textos em prosa há às vezes uma voz alerta às próprias dificuldades de seu projeto multifacetado ("uma história deve ter mil faces, é assim como se você colocasse um coiote, por exemplo, dentro de um prisma"), que por força requereria ordem nos desdobramentos e na construção. É ainda essa voz que em *O unicórnio* registra a marca do excesso numa mesma história, que reúne uma lésbica, um pederasta, uma mãe obsessiva gorda, entre outros. Dessa perspectiva *A obscena Senhora D* alcança equilíbrio raro e tensão persistente.

Projetando o diálogo dessa obra com o leitor, esbarramos com dificuldades de outra ordem: de um lado, enxertos, comentários, poemas, metalinguagem, humor, crueldade, sensualidade, obscenidade, conto de fadas, deslizar de tons; de outro, a ausência de marcas na página, indicadoras das diferentes vozes (à semelhança, por exemplo, do que ocorre com a ficção atual de Saramago), extravia o leitor se não houver um domínio absoluto do recurso. Neste caso, ele se sentirá expulso. Com a dose de talento e de imaginação de que dispõe, Hilda Hilst não pode se dar ao luxo de ameaçar despedidas ou de instalar-se exclusivamente num registro baixo, que só será menor se apostar no rancor mal-humorado. Diga-se de passagem que a vivacidade da autora se realiza muito bem nesse registro, que fatalmente exigirá dela o mesmo investimento que a palavra rara. Que ninguém se engane, nem o leitor, nem a autora, a respeito das armadilhas, dificuldades e pontaria certeira que esse registro impõe para atingir plenamente seu alvo.

Achamos extraordinário que a obra de Hilda Hilst, apesar de numerosa, seja ainda uma obra jovem, com virtualidades e desdobramentos possíveis se a autora acolher, com a radicalidade que a caracteriza, o fio terra que diz desejar, o fio-húmus, a humildade... Ao leitor fica lançado sempre o desafio: "Toma as minhas mãos ainda quentes, galopa no meu dorso, tu que me lês [...] não é sempre que vais ver alguém contando *trifling things* com tanta maestria e com maior gozo...".

Sobre a autora

Filha do fazendeiro, jornalista e poeta Apolônio de Almeida Prado Hilst e de Bedecilda Vaz Cardoso, **HILDA DE ALMEIDA PRADO HILST** nasceu em Jaú, São Paulo, em 21 de abril de 1930. Os pais se separaram em 1932, ano em que ela se mudou com a mãe e o meio-irmão para Santos. Três anos mais tarde, seu pai foi diagnosticado com paranoia esquizoide, tema que apareceria de forma contundente em toda a obra da poeta. Aos sete anos, Hilda foi estudar no Colégio Interno Santa Marcelina, em São Paulo. Terminou a formação clássica no Instituto Mackenzie, morando com uma governanta alemã, e se formou na Faculdade de Direito do Largo São Francisco, da Universidade de São Paulo.

Hilda publicou seu primeiro livro, *Presságio*, em 1950, e o segundo, *Balada de Alzira*, no ano seguinte. Em 1963, abandonou a atribulada vida social e se mudou para a fazenda da mãe, São José, próxima a Campinas. Num lote desse terreno, a poeta construiu sua chácara, Casa do Sol, onde passou a viver a partir de 1966, ano da morte de seu pai. Na companhia do escultor Dante Casarini — com quem foi casada entre 1968 e 1985 — e de muitos amigos que por lá passaram, ela, sempre rodeada por dezenas de cachorros, se dedicou exclusivamente à escrita. Além de poesia, na década de 1970 a escritora ampliou sua produção para ficção e peças de teatro.

Nos anos 1990, em reação ao limitado alcance de seus livros, Hilda se despediu do que chamava de "literatura séria" e inaugurou a fase pornográfica com os títulos que integrariam a "tetralogia obscena": *O caderno rosa de Lori Lamby*, *Contos d'escárnio/ Textos grotescos*, *Cartas de um sedutor* e *Bufólicas*. De 1992 a 1995, colaborou para o *Correio Popular* de Campinas com crônicas semanais.

Entre os prêmios recebidos pela escritora, destacam-se o PEN Clube de São Paulo para *Sete cantos do poeta para o anjo*, em 1962; o Grande Prêmio da Crítica pelo Conjunto da Obra, da Associação Paulista dos Críticos de Arte (APCA), em 1981; o Jabuti por *Rútilo Nada*, em 1994; e o Moinho Santista pelo conjunto da produção poética, em 2002. Hilda morreu em 2004, em Campinas.

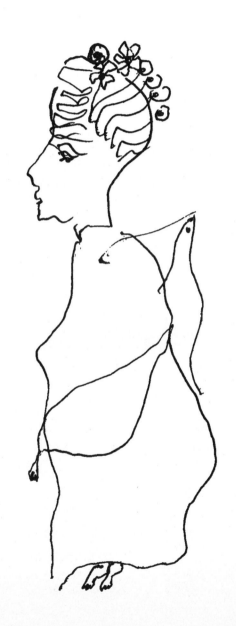

Índice de títulos e primeiros versos

A cantora gritante, 501

À carne, aos pelos, à garganta, à língua, 463

A chapéu, 498

Acreditariam, 45

A descansada precisão da folha, 183

Aflição de ser eu e não ser outra, 90

Água esparramada em cristal, 22

Ah, essas dores!, 200

Ah, negra cavalinha, 333

Ah! Se ao menos em ti, 45

Ah, se eu soubesse de nuvens, 338

Ah, se eu soubesse quem sou, 241

Ah, ternura dos dias, 35

A ideia, Túlio, foi se fazendo, 151

Ai de nós, peregrinos, 144

Ai, que translúcido te fazes, 522

Ainda é cedo, Ricardo, para o tempo que dizes, 194

Ainda em desamor, tempo de amor será, 156

Ai que distância, 384

Ai, que distanciamento, que montanha, que água, 243

Agora meus senhores, 108

Águas, 488

Águas de grande sombra, água de espinhos, 465

À la Adélia, 525

Alturas, tiras, subo-as, recorto-as, 471

Amada vida, 293

Amada vida: a dádiva de ser, de Túlio, 247

Amada vida, minha morte demora, 287

Amadíssimo, não fales, 71

Amado e senhor meu, 111

Amado, não tão meu, 69

Amado, quando morreres, 50

Ama-me, 231

Amargura no dia, 22

Amáveis, 152

Amiga, muito amiga, 32

A minha Casa é guardiã do meu corpo, 257

A minha voz é nobre, 121

Amo e conheço, 115

Amor agora, 372

Amor chagado, de púrpura, de desejo, 445

Amor tão puro, 122

A noite não consente a veleidade, 155

Antes que o mundo acabe, Túlio, 277

Antes soubesse eu, 36

Aos amantes é lícito a voz desvanecida, 266

Ao teu encontro, Homem do meu tempo, 292

Aprendo encantamento, 271

Aquela que não te pertence por mais queira, 514

Aquele fino traço da colina, 444
*Aquele Outro não via minha
    muita amplidão*, 482
A rainha careca, 495
Areia, vou sorvendo, 394
Ária única, turbulenta, 284
A rosa do amor, 54
*Asa de ferro, esmaga esta última
    fonte*, 214
As águas, meu ódio-amor, 376
As asas não se concretizam, 110
*As aves eram brancas e corriam
    na brancura das lajes*, 175
As barcas afundadas, 449
As coisas não existem, 55
As coisas que procuro, 109
As faces encostadas nos vitrais,
    180
As laranjas têm alma?, 276
As maçãs ao relento, 443
*As mães não querem mais filhos
    poetas*, 36
Áspero é o teu dia, 190
Atada a múltiplas cordas, 416
Atados os ramos, 383
*Ávidos de ter, homens e
    mulheres*, 297
A vossa casa rosada, 121
A voz que diz o verso e a cantiga,
    94

Balada de Alzira, 56
Balada do condenado à morte, 75
Balada do festival, 72
Balada pré-nupcial, 67
Barcas, 374
Bombas limpas, disseram?, 298
*Brando, o tempo escorria nos
    vitrais*, 180

Brilhou um medo incontido, 49
Brotaram flores, 20

Cadenciadas, 392
Caio sobre teu colo, 410
Cálida alquimia, 390
Calmoso, longal e rês, 345
Caminho, 174
Canção do mundo, 25
Cançãozinha triste, 69
Canto primeiro, 163
Canto segundo, 163
Canto terceiro, 164
Canto quarto, 165
Canto quinto, 166
Canto sexto, 167
Canto sétimo, 167
*Carrega-me contigo, Pássaro-
    -Poesia*, 440
Cavalo, búfalo, cavalinha, 326
*Cavalo, halo de memória,
    guardo-te no peito*, 180
Cavalos negros, 369
Clarividente que sou, 153
*Claro objeto onde a rainha e o
    rei*, 207
*Colada à tua boca a minha
    desordem*, 481
Colapso hibernal, 26
*Com esse caminhar que em
    sonho se percebe*, 179
*Como quem semeia, rigoroso, os
    cardos*, 242
*Como queres que eu te procure a
    ti*, 521
Como se comprimisses a mão, 212
Como se desenhados, 363
*Como se fosse verdade
    encantações, poemas*, 515

Como se te perdesse, assim te
    quero, 441
Como se tu coubesses, 325
Como te posso perder, 521
Companheiro, morto
    desassombrado, rosácea
    ensolarada, 288
Companheiros, é de lua, 97
Contente, 265
Convém amar, 117
Corpo de argila, 62
Corpo de carne, 366
Corpo de luz, 218
Corpo de terra, 217
Corroendo, 344
Costuro o infinito sobre o peito,
    489

Dá-me a via do excesso, 463
Debruça-te sobre a tua casa e a
    tua mulher, 244
De canoas verdes de amargas
    oliveiras, 458
De cigarras e pedras, querem
    nascer palavras, 454
de cima do palanque, 289
De delicadezas me construo, 182
De grossos muros, de folhas
    machucadas, 451
De luas, desatino e aguaceiro, 235
De luto esta manhã e as outras,
    210
De montanhas e barcas nada
    sei, 434
Demora-te sobre minha hora,
    316
Dentro do círculo, 277
De ossos, 367
De rispidez e altivo, 381

De sandálias de palha, 321
De sacrifício, 371
Desatenta espero, 105
Descansa, 464
Desde que nasci, comigo, 346
Desejei te mostrar minha forma
    humana, 432
Desenho um touro na seda, 419
Desgarrada de ti, 377
Despe-te das palavras e te
    aquece, 190
De sol e lua, 400
Desosso a rima, 524
De tanto te pensar, Sem Nome,
    me veio a ilusão, 430
De uma fome de afagos, tigres
    baços, 442
Deu-me o amor este dom, 126
De um exílio passado entre a
    montanha e a ilha, 184
Deus Nosso Senhor conceda, 119
Devo voltar à luz que me pensou,
    456
Devo viver entre os homens, 449
Dia doze... e eu não suportarei,
    28
Dirás que sonho o dementado
    sonho de um poeta, 487
Distorço-me na massa, 137
Dizeis que tenho vaidades, 125
Dizem-me, 116
Doem-te as veias?, 411
Dorme o tormento, 387
Drida, a maga perversa e fria,
    496
Dunas e cabras, 489
Dúplices e atentos, 147
Durante o dia constrói, 332

E a língua lambe, 360
É antes de tudo a terra, 100
E a que se fez criança, tece a rosa, 182
E através dos vitrais as faces duras, 181
E atravessamos portas trancadas, 359
E batalhamos, 362
E bebendo, Vida, recusamos o sólido, 471
É bom que seja assim, Dionísio, que não venhas, 256
E circulando lenta, a ideia, Túlio, 251
E crivada de hera?, 349
É crua a vida, 470
E descansavas nos meus costados, 308
É lícito me dizeres que Manan, tua mulher, 259
E lívida, 349
Embriaguez da vontade, Túlio, 279
É meu este poema ou é de outra?, 90
Empoçada de instantes, cresce a noite, 450
Em silêncio plantávamos nas ilhas, 178
Enquanto faço o verso, tu decerto vives, 299
Entendimento fatal, 272
Enterrei à noite minhas estrelas, 102
Entre cavalos e verdes pensei meu canto, 150
É o olho copioso de Deus, 457
E o tempo tomou forma, 188

E por que haverias de querer minha alma, 484
E quanto mais te penso, de si mesma, 252
Era ali?, 143
Eram águas castanhas as que eu via, 457
Eram azuis as paredes do prostíbulo, 459
Era um vale, 150
Esboçava-se, 336
Escaldante, Obscuro, 434
Escreveste meu nome, 380
E sempre será preciso o pão desta agonia, 211
E se eu ficasse eterna?, 349
E se parece a Mei, pequena estrela, 253
Esquivança, amigo, 273
Essa lua enlutada, esse desassossego, 243
E se leopardos e tigres, 358
E só me veja, 510
Esse poeta em mim sempre morrendo, 236
Estás ausente, 46
Estava entre as torres o homem, 195
Estou sozinha se penso que tu existes, 417
Estou viva, 37
E taciturno, 274
E te abrindo ao meio, 350
É tempo de parar as confidências, 83
Eu amo Aquele que caminha, 369
Eu caminhava alegre entre os pastores, 155
Eu cantarei os humildes, 42

Eu era parte da noite e
    caminhava, 391
Eu não te vejo, 357
E por quê, também não doloso e
    penitente?, 512
Eu sou a Monstra, 519
Eu sou Medo, 462
É neste mundo que te quero
    sentir, 414
É rígido e mata, 414
Exercício nº 1, 222
Exercício nº 2, 223
Exercício nº 3, 223
Exercício nº 4, 224
Exercício nº 5, 224
Exercício nº 6, 225
Exercício nº 7, 226
Existe a noite, e existe o breu,
    482
Existe sempre o mar, 51
Existo face ao espelho, 102
Extrema, toco-te o rosto, 447

Falemos do amor, senhores, 99
Faremos deste modo, 361
Fatia, tonsura, pinça, 346
Faz de mim tua presa, 373
Ferrugem esboçada, 319
Filó, a fadinha lésbica, 502
Fineza minha, senhor, 120
Foi Julho sim, 235
Fui monja, 30
Fui pássaro e onça, 306
Funda, no mais profundo do
    osso, 324

Garças e fardos, 398
Gostaria de encontrar-te, 20
Grande papoula iluminando de
    amarelo e ouro, 213

Guardai com humildade, 130
Guardo-vos manhãs de terracota
    e azul, 445

Há certos rios que é preciso rever,
    188
Há este céu duro, 395
Há no meu mundo, 52
Há um incêndio de angústias e
    de sons, 446
Haste pensativa e débil, 64
Há tanto a te dizer agora!, 203
Há uma paisagem sem cor
    dentro de mim, 74
Haverá sempre o medo, 73
Hoje te canto e depois no pó que
    hei de ser, 432
Honra-me com teus nadas, 429

Ilharga, osso, algumas vezes é
    tudo o que se tem, 515
Inadvertida rosa, 67
Incontável, muda, 275
Iniciei mil vezes o diálogo, 96
Insensatez e sombra, 370
Isso de mim que anseia
    despedida, 511

Já não sei mais o amor, 63
Juntas, 334

Lavores, cordas e batalhas,
    433
Lê Catulo para mim
    pausadamente, 192
Lego-te os dentes, 342
Lembra-te que há um querer
    doloroso, 483
Lembra-te que morreremos, 385

Lenho, olaria, constróis, 320

Lenta será minha voz e sua longa
canção, 173

Leopardos e abstrações rondam
a Casa, 298

Leva-me a um lugar onde a
paisagem, 92

Levarás contigo, 322

Lilases, Túlio, celebremos, 279

Lobos, 356

Lobos?, 292

Maior que o meu sonho de
viagem, 65

Mandíbulas, 473

Maria anda como eu, 23

Mario Schenberg: amado
alguém, 526

Me afundarei nesse teu vão de
terra, 211

Me cobrirão de estopa, 333

Me falaram de um deus, 29

Me mataria em março, 19

Mensageiro das ilhas, 189

Meu corpo no mar, 269

Meu medo, meu terror, é se
disseres, 239

Meu ódio-amor, 400

Meus olhos, 127

Me vias, 357

Me vinha, 359

Minha medida?, 232

Minha sombra à minha frente
desdobrada, 460

Moças donzelas, 128

Montado sobre as vacas, 310

Morremos sempre, 136

Morte, minha irmã, 249

Move-te, 424

Movo-me no charco, 462

Nada de novo tenho a dizer-vos,
76

Nada mais tenho, 66

Na hora da minha morte, 64

Na moldura, no esquadro, 393

Não compreendo, 339

Não é apenas um vago,
modulado sentimento, 237

Não é isso, Túlio, 246

Não é teu este canto porque as
palavras se abriram sobre a
mesa, 200

Não é verdade, 109

Não existe amanhã, 520

Não haverá um equívoco em
tudo isto?, 173

Não me lamentes à noite, eu sob
a terra, 527

Não me procures ali, 329

Não percebes, Samsara, que
Aquele que se esconde, 460

Não te machuque a minha
ausência, meu Deus, 424

Não vou morrer, 528

Naquela casa azul e
avarandada, 185

Naquele momento, 44

Na tua ausência, na casa o
perfume das igrejas, 201

Nave, 115

Negra, 280

No coração, no olhar, 340

No meio-dia te penso, 331

Nós dois passamos, 233

Nos pauis, no pau-de-lacre, 465

Nós, poetas e amantes, 77

Nos veremos de frente, 335

Noviça, 153
Nuns atalhos da tarde, 401

O anão triste, 499
O bisturi e o verso, 396
O casaco rosso me espia, 474
O cavalo no vale, 151
O Deus de que vos falo, 176
O escritor e seus múltiplos vêm vos dizer adeus, 530
Olhai o que mais vos convém, 189
Olhamos eternamente, 27
Olhando o meu passeio, 454
O louco (a minha sombra) escancarou a boca, 455
O louco estendeu-se sobre a ponte, 455
O louco saltimbanco, 456
O louco se fechou ao riso, 457
O ouro do mais fundo está em ti, 207
O melhor é não ver, 107
Onde nasceste, morte?, 331
O Nunca Mais não é verdade, 512
O pássaro desenha, 157
O poema não vem, 47
O poema se desfaz, 74
O poeta se fez, 281
O que é a carne?, 488
O que ficou de mim, 43
O que me vem, devo dizer-te DESEJADO, 429
O reizinho gay, 493
O ruído das ruas, 103
Os cascos enfaixados, 321
Os dentes ao sol, 269
Os juncos afogados, 365
Os ponteiros de anil no esguio das águas, 446

O tempo é na verdade o do retorno, 106
O Tempo e sua fome, 374
O teu gesto de alegria, 51
Outeiros, átrios, pombas e vindimas, 448
Ouvia, 382

Paliçadas e juncos, 448
Para poder morrer, 363
Para tua fome, 365
Para um Deus, que singular prazer, 412
Passará, 344
PEDRA D'ÁGUA, ABISMO, PEDRA--FERRO, 465
Pedras dentro das barcas, 378
Pela última vez, 283
Penso linhos e unguentos, 489
Penso que tu mesmo cresces, 421
Perderás de mim, 319
Pertencente te carrego, 317
Pés burilados, 408
Poderia ao menos tocar, 415
Poeira, cinzas, 403
Poema do fim, 49
Porco-poeta que me sei, na cegueira, no charco, 440
Porque conheço dos humanos, 330
Porque é feita de pergunta, 324
Porque há desejo em mim, é tudo cintilância, 480
Por que me fiz poeta?, 336
Por que não me esqueces, 323
Porque te amo, 257
Porque tu sabes que é de poesia, 256
Por que vens ao meio-dia, 329

Promete-me que ficarás, 110
*Pulsas como se fossem de carne
as borboletas,* 484

*Quando Beatriz e Caiana te
perguntarem, Dionísio,* 258
Quando terra e flores, 28
*Que as barcaças do Tempo me
devolvam,* 444
Que boca há de roer o tempo?,
266
*Que canto há de cantar o que
perdura?,* 486
Que dor desses calendários,
354
*Que este amor não me cegue nem
me siga,* 510
Quem é que ousa cantar, senhor,
379
*Que não se leve a sério este
poema,* 93
Que no poema ao menos, 385
Queres voar, Samsara?, 458
Queria uma cruz, 154
Quero brincar meus amigos, 98
Que seja nossa um dia, 129
Que sorriso de linhos, 529
Que te alegres de mim, Ricardo,
194
*Que te demores, que me
persigas,* 490
Que te devolvam a alma, 291
Que vertigem, Pai, 463
*Quisera dar nome, muitos, a isso
de mim,* 431
Quisera descansar as mãos, 174

*Ramas nas margens do rio que
me pretendo,* 141

Rasteja e espreita, 409
Rasteja, voa, passeia, 326
*Rato d'água, círculo no remoinho
da busca,* 462
*Resíduo da retina, corpo
crepuscular,* 209
Resolvi me seguir, 403
Restou um nome de bruma, 47
Rica de amores, 125
Rinoceronte elefante, 302
*Rios de rumor: meu peito te
dizendo adeus,* 513
Ronda tua crueldade, 372
Rosa consumada, 146

Se a chuva continua, se nos ares,
185
Se amor é merecimento, 129
Se a tua vida se estender, 355
*Se chegarem as gentes, diga que
vivo o meu avesso,* 442
Se Clódia desprezou Catulo, 260
Se é morte este amor, 271
Se eu disser que vi um pássaro,
481
Se eu soubesse, 327
Se eu te pedisse, Túlio, 282
Se falo, 140
Se for possível, manda-me dizer,
239
*Se há muito o que inventar por
estes lados,* 136
*Se havia em nossa voz uma
cadência,* 145
Se já soubesse quem sou, 420
Se me alongasse, 349
Se me viessem à boca, 389
*Sem heroísmo nem queixa,
ofereço-vos,* 209

Se mil anos vivesse, 412

Se não vos vejo, 124

Sendo quem sou, em nada me pareço, 138

Sendo tu amor, irmão, comigo te pareces, 193

Senhoras e senhores, olhai-nos, 286

Se o mel escorresse, 364

Se o teu, o meu, o nosso do tigre, 294

Se possível se fizer o merecê-las, 183

Se quiserem saber se pedi muito, 159

Será que apreendo a morte, 450

Se refazer o tempo, a mim, me fosse dado, 232

Serena face, 70

Seria menos eu, 118

Ser nova e derradeira, recompondo, 252

Ser terra, 192

Se some, tem cuidado, 422

Se te ausentas há paredes em mim, 483

Se te ganhasse, meu Deus, minh'alma se esvaziaria?, 419

Se te pareço noturna e imperfeita, 231

Se te pertenço, separo-me de mim, 454

Se te pronuncio, 376

Se tivesse madeira e ilusões, 447

Se todas as tuas noites fossem minhas, 262

Se uma ave rubra e suspensa ficará, 240

Se um dia te afastares de mim, Vida, 474

Se viverdes em mim, vereis até onde me estendo, 213

Sobem-me as águas, 417

Soberbo, 367

Sobre o vosso jazigo, 287

Sobrevivi à morte sucessiva das coisas do teu quarto, 202

Soergo meu passado e meu futuro, 254

Somos crianças nesta noite escura, 106

Sonha-me, meu ódio-amor, 396

Sonhei que te cavalgava, leão-rei, 312

Sorrio quando penso, 234

Stela, me perguntaram, 18

Talvez eu seja, 386

Também nos claros, na manhã mais plena, 175

Também são cruas e duras as palavras e as caras, 470

Tão escuramente caminha, 337

Tateio, 264

Te amo, Vida, líquida esteira onde me deito, 472

Te batizar de novo, 316

Telhas, calhas, 459

Temendo deste agosto o fogo e o vento, 458

Tem nome veemente, 513

Tenho meditado e sofrido, 261

Tenho medo de ti e deste amor, 92

Tenho pedido a Deus, e à lua, ontem, 241

Tenho pedido a todos que descansem, 104

Tenho pena, 70
Tenho preguiça, 33
Tenho sofrido, 123
*Tenho te amado tanto e de tal
jeito,* 91
Tens a medida do imenso?, 399
Te penso, 402
*Terra, de ti é que vêm essas
portas de mim,* 208
Te sei, 334
Teus passos somem, 423
Te vi, 327
*Teu livre-arbítrio, meu ódio-
-amor?,* 388
Teu nome é Nada, 328
Teu rosto se faz tarde, 397
Todos irão sempre contra ti, 34
Toma-me, 264
Toma-me ao menos, 380
Toma-me, terra generosa, 208
Toma para teu gozo, 368
Três luas, Dionísio, não te vejo,
259
Tuas poucas palavras, 270
Tudo demora, 299
Tudo é triste, 101
Tudo vive em mim, 290
*Túlio: aceita a graça que te
concede,* 244
Túlio: há palavras escuras, 278
*Túlio, melhor é te ensinar a
conhecer,* 245
Túlio, não me pertenço mais, 248
Túlio viaja, 246
Túrgida-mínima, 318
*Tu sabes que serram cavalos
vivos,* 464

*Uma mulher suspensa entre as
linhas e os dentes,* 464
*Uma viagem sem fim, Túlio, eu
te proponho,* 247
Um cemitério de pombas, 361
*Um claro-escuro de sol nos meus
cantares,* 184
Um coro de despedidas, 375
Um peixe lilás e malva, 339
Um peixe raro de asas, 304
*Um percurso de noites e
vazantes,* 389
Um tempo-luz, 393
Um todo me angustia, 139
Um triângulo nas mãos, 528
Um verso único, 398
Uns barcos bordados, 341
Uns ventos te guardaram, 199

*Vem apenas de mim, ó Cara
Escura,* 431
Vem dos vales a voz, 487
*Vem, senhora, estou só, me diz a
Vida,* 472
*Vereis um outro tempo estranho
ao vosso,* 177
*Vê, Ricardo, se falo tanto do ser
feito de terra,* 191
Ver-te, 480
*Vi as éguas da noite galopando
entre as vinhas,* 486
Vida da minha alma, 354
Vida da minha alma, 401
Vinda do fundo, luzindo, 317
Vou indo, caudalosa, 295
*Vou pelos atalhos te sentindo à
frente,* 418

TIPOGRAFIA Warnock
DIAGRAMAÇÃO Elisa von Randow e acomte
PAPEL Pólen, Suzano S.A.
IMPRESSÃO Geográfica, fevereiro de 2025

A marca FSC® é a garantia de que a madeira utilizada na fabricação do papel deste livro provém de florestas que foram gerenciadas de maneira ambientalmente correta, socialmente justa e economicamente viável, além de outras fontes de origem controlada.